LOW FETT 30

GABI SCHIERZ · GABI VALLENTHIN

für Naschkatzen

Knaur

LOW FETT 30

GABI SCHIERZ · GABI VALLENTHIN

für Naschkatzen

GO! 30 FETT
max. 30% der Gesamtkalorien aus Fett

Inhalt

Abkürzungsverzeichnis:

EL = Esslöffel

TL = Teelöffel

Msp. = Messerspitze

kg = Kilogramm

g = Gramm

l = Liter

ml = Milliliter

TK- = Tiefkühl …

Was ist LOW FETT 30?

Süß und verführerisch

Kaum zu glauben, LOW FETT 30 funktioniert auch mit Süßigkeiten: Sie können sogar mit süßen Hauptgerichten, Desserts und Kuchen abnehmen. Entscheidend ist nicht, ob wir Lebensmittel in »gut« und »böse«, in »gesund« und »ungesund« einteilen, unser Kriterium ist der Fettgehalt. Ist er niedrig, fällt das Abnehmen leicht.

Mit Zucker kann man abnehmen?

Diese Frage wird uns immer wieder gestellt und, weil wir uns in diesem Buch eben mit gezuckerten Gerichten beschäftigen, wollen wir hier ganz besonders ausführlich darauf eingehen.

Sie wissen es sicher längst: 1 Gramm Fett hat 9 kcal, 1 Gramm Eiweiß hat 4 kcal und auch das Gramm Kohlenhydrate hat 4 kcal.

Da Kohlenhydrate in aller Regel mit Ballaststoffen, die besonders sättigen, einhergehen, sorgen 100 Gramm Kohlenhydrate meist für weit mehr Magenfüllung als 100 Gramm Fett. Gleichzeitig liefern 100 Gramm Fett viel mehr Kalorien als die gleiche Menge Kohlenhydrate, nämlich 900 kcal statt 400 kcal. Wer mehr Kohlenhydrate, u. a. komplexe (Ballaststoffe), isst, kann also gar nicht so viel essen und damit so viele Kalorien aufnehmen.

Es gibt bei LOW FETT 30 drei Regeln, die Sie einhalten müssen:

1. *Essen Sie, wenn Sie Hunger haben. Was bedeutet, dass Sie einerseits essen müssen, kein Auto fährt ohne Benzin, andererseits aber nicht wahllos alles in den Mund schieben sollen, was Ihren »Weg« kreuzt.*
2. *Hören Sie mit dem Essen auf, wenn Sie satt sind. Nicht mit knurrendem Magen die Gabel beiseite legen, aber sich auch nicht voll stopfen, bis nichts mehr geht.*
3. *Alles, was Sie essen, soll nicht mehr als 30 % der kcal aus Fett haben.*

Die zugeführte Energie, also Ihre Nahrung, soll zu maximal 30 % aus Fettkalorien bestehen. Die Fettkalorien-% errechnet man so:

$$\frac{\text{g Fett x 9 kcal x 100}}{\text{Gesamtkalorien}} = \text{\% kcal aus Fett}$$

Auf vielen Fertiggerichten und Zutaten finden Sie mittlerweile eine Nährwertangabe. Daraus entnehmen Sie die Gramm Fett pro 100 Gramm bzw. pro Portion und die Gesamtkalorien pro 100 Gramm bzw. pro Portion und setzen diese in die Formel links unten ein. Jetzt noch einen Taschenrechner zur Hand nehmen und schon wissen Sie, ob das jeweilige Gericht zum Abnehmen und gesünder Leben geeignet ist.

Was anfangs schwierig aussieht, ist nach einer Weile für keinen mehr ein Problem. Besorgen Sie sich die LOW FETT 30-Nährwerttabelle oder das Basisbuch »Steig ein ...« (die Anschrift der LOW FETT 30-GmbH finden Sie im Anhang) und lernen Sie, genau hinzusehen.

Kalorienzählen ade?

Sie müssen keine Kalorien zählen. Die Regeln 1 und 2 von Seite 5 reichen völlig aus. Wenn Sie stark übergewichtig sind, kennen Sie sicher nur »Appetit« und »Voll« ... das ist bei nahezu allen Leuten so, die mit ihrem Gewicht zu kämpfen haben. Man kann aber wieder lernen, Hunger und Sättigung zu fühlen.

Der erste Schritt auf dem Weg dorthin ist, dass Sie erst essen, wenn Sie HUNGER haben ... nicht, weil Ihre Kollegen zum Essen gehen oder Ihre Kinder nach der Schule etwas essen müssen. Das ist übrigens die schwierigste Lektion: Zu essen, wenn man Hunger hat – und NICHTS zu essen, weil man keinen Hunger hat. Daneben zu sitzen und zu wissen: Ich habe gar keinen Hunger – und nicht aus »Futterneid« oder Geselligkeit doch ein Stück Brot oder Pizza zu vertilgen.

Und wenn **Sie** Hunger haben, essen Sie. Essen Sie dann LOW FETT 30-Produkte und Gerichte. So viel, bis Sie satt sind. Und wenn Sie wieder Hunger bekommen, essen Sie wieder ... das kann auch mal mitten in der Nacht sein – gerade am Anfang schlägt das Hungergefühl Purzelbäume. Machen Sie sich auch dabei klar, dass es in unserer Gesellschaft jederzeit möglich ist, sich etwas zu essen zu holen, wenn man Hunger hat. Horten und hamstern ist heutzutage nicht nötig!

Falls Sie sich ein Leben ohne Kontrolle der Kalorien nicht mehr vorstellen können – weil Sie das Gefühl haben, sich in einem luftleeren Raum zu bewegen – dann zählen Sie einfach mit. Wirklich schaden tut's nicht, aber so lange Sie Kalorien zählen oder überwachen, werden Sie nicht zu einem normalen Essverhalten finden. Kein Eichkätzchen hat einen Kalorienplan, kein Fuchs, kein Hase: Tiere essen, wenn Sie Hunger haben – und wenn sie satt sind, hören sie damit auf ... sie bewegen sich viel – und sie haben eine normale Figur. Haustiere dagegen, ohne Aufgabe, meist gelangweilt und immer in Reichweite eines Futternapfes kennen oft nur einen einzigen Lebensinhalt (abseits vom Schmusen und Gassi gehen): Fressen. Ähnlichkeiten mit echten Menschen sind natürlich auch in diesem Falle rein zufällig!

LOW FETT 30 ... pro Tag?

Sie sollten gerade am Anfang nur Gerichte essen, die LOW FETT 30 sind, d. h. die nicht mehr als 30 % der Kalorien aus Fett haben. Prozente kann man rein mathematisch nicht addieren. Wenn Ihr Frühstück 21 % der kcal aus Fett hatte, heißt das nicht, dass Ihnen für den Rest des Tages nur noch 9 % bleiben. Es spielt keine Rolle, wie viele Mahlzeiten Sie zu sich nehmen, solange Sie nur essen, wenn Sie Hunger haben, und jede Mahlzeit LOW FETT 30 ist.

LOW FETT 30 ist einfach:

- *KEINE Diätpläne*
- *KEINE Kalorien zählen*
- *KEINE Mini-Portionen*
- *KEINE schlechte Laune*
- *und KEINE Mehrkosten*

Denn: Es gibt genügend ganz normale Gerichte - im Supermarkt, als Tiefkühlkost oder Fast Food -, die LOW FETT 30 sind. Das Problem ist, dass man es leider nicht erkennen kann.

Wir arbeiten daran, Lebensmittelhersteller, Sportstudios, Kantinen und Restaurants, Hotels und Supermärkte davon zu überzeugen, ihre LOW FETT 30-Angebote mit unserem Label zu kennzeichnen. Wenn Sie uns dabei unterstützen wollen, fragen Sie einfach die Unternehmen, die für Sie wichtig sind, ob Sie nicht auch LOW FETT 30-Angebote haben. Nachfrage bestimmt den Markt. Und rührige Unternehmen – wie z. B. das Handelsunternehmen REWE – beginnen, LOW FETT 30-Lebensmittel mit einem grünen Etikett am Regal zu kennzeichnen.

Abnehmen mit Zucker?

Ein paar Prozent weniger und man nimmt ab?

Stellen Sie sich vor, Ihr Magen wäre ein großes Bonbonglas. Und 1 Gramm Fett wäre so groß wie eine Haselnuss und hätte 9 kcal Brennwert. Wenn Sie nun das Bonbonglas mit den Haselnüssen füllen, bekommen Sie etwa 200 Nüsse in den »Magen«, das entspräche 1.800 kcal.

Sie nehmen ein zweites Bonbonglas und füllen es mit Kohlenhydraten – und weil die von ihrer chemischen Struktur her größer sind als das Fett, nehmen wir für unseren Versuch Marshmallows. Siehe da: Es gehen nur 70 Marshmallows in das Bonbonglas, das bei diesem Modell Ihren Magen darstellt. Dabei hat jedes Marshmallow bei unserem Modell jedoch nur einen Brennwert von 4 kcal, weil es ja 1 Gramm Kohlenhydrate darstellt. Bei 70 Bällen wären das dann nur 280 kcal. Der »Magen« aber, also das Bonbonglas, ist in beiden Fällen gleich voll. Bei unserem Beispiel macht das eine Kaloriendifferenz von 1.520 kcal.

Im »richtigen Leben«, bei einer bundesdeutschen Ernährung von 55 % der kcal aus Fett und einem Bedarf von 2.000 kcal, bringt eine Umstellung auf LOW FETT 30 eine tägliche Kalorienersparnis von ca. 450 kcal. Bei gleicher »Magenfüllung«.

Trickserei in eigener Sache

Sie können sich selbst gut überlisten: Denn je ballaststoffreicher die fettfreien Kohlenhydrate sind, die wir zu uns nehmen, also Gemüse, Obst, Vollkornbrot oder Getreideflocken, umso größer ist das Volumen und damit die Magenfüllung bei gleich geringem Brennwert. Ballaststoffe (so genannte komplexe Kohlenhydrate) haben keine für uns verwertbare Energie.
Es macht also absolut Sinn, einen möglichst großen Teil der Nahrung aus ballaststoffreichen Nahrungsmitteln zu decken: Sie fühlen sich satt – und bekommen auch nicht so schnell wieder Hunger. Wenn Sie also ein Übriges tun wollen, dann verwenden Sie für unsere Rezepte Vollwertmehl, Vollwertreis und Vollwertnudeln.

Fertige Süßigkeiten einkaufen

Traditionsgemäß enthalten industriell hergestellte Backwaren und nach klassischen Rezepten gemachte Kuchen meist mehr als 50 % der Kalorien aus Fett. Dabei gibt es genügend süße Leckereien, die LOW FETT 30 sind. Und dazu auch noch besser schmecken als ihre Ursprungsvariante. Im Anhang finden Sie eine umfassende Nährwerttabelle für süße Lebensmittel, die weniger als 30 % Fettkalorien haben (siehe S. 102 ff).

LOW FETT 30-Naschwerk schmeckt

Erste Reaktion von den »normalen« Essern: »Ooch, das ist ja unheimlich frisch.« LOW FETT 30-Kuchen und -Kekse, -Pfannkuchen und -Aufläufe belasten nicht, sie sind wirklich purer Genuss, denn weniger Fett macht Lebensmittel auch bekömmlicher.

Die Rezepte in diesem Buch

Viele der Rezepte, die wir Ihnen in diesem Buch vorstellen, werden Ihnen vertraut sein. Oft haben wir nur die Fette wie Butter, Margarine oder Öl gegen Joghurt, Buttermilch und Quark ausgetauscht. Das funktioniert übrigens auch bei den meisten Backmischungen; treue Leser der LOW FETT 30-Bücher wissen das längst. Es ist einfach die Mischung der einzelnen Elemente, auf die es bei LOW FETT 30 ankommt.
Betrachten Sie unsere Rezepturen für Naschkatzen immer als VORSCHLÄGE. Es ist überhaupt kein Problem, Mango mal gegen Kiwis auszutauschen. Auch an Vorgaben wie Buttermilch oder Kefir müssen Sie sich bei Shakes z. B. nicht sklavisch halten. Hauptsache, Sie übersteigen den Fettprozentanteil von 30 % auch beim Austauschprodukt nicht.

LOW FETT 30 als Programm

LOW FETT 30 ist ein Programm, das die beiden gewichtsbestimmenden Faktoren, die Energiezufuhr und den Energieverbrauch, verändern will.
Wir drosseln die Energiezufuhr auf der Seite der Fette in einen bekömmlichen Bereich und steigern den Energieverbrauch durch regelmäßigen Ausdauersport, der auch für total untrainierte, sogar stark übergewichtige Einsteiger (leicht) zu bewältigen ist. Wer noch weiter gehen will, kann Mitglied einer unserer zahlreichen Abnehmgruppen werden und hier in wöchentlichen Treffen Theorie und Praxis lernen. Zusammen mit anderen haben Sie auch genügend Motivation, durchzuhalten. Das Kursprogramm heißt LOW FETT 30-konkret und wurde von der Stiftung Warentest im Frühjahr 2002 zu einem der besten Abnehmkonzepte gekürt. Das Programm lässt sich auch gut als Fernkurs absolvieren. Falls Sie dazu Infos haben möchten, im Anhang haben wir die Adresse für Sie aufgeführt!

So klappt es endlich mit der Wunschfigur

Unsere bundesdeutsche Durchschnittsernährung hat meist mehr als 50% der Kalorien aus Fett ... und deswegen kämpfen wir mit Speckröllchen und unserem Hosenbund. Wer maximal 30% seiner Kalorien aus Fett zu sich nimmt, lebt gesund und beugt ernährungsbedingten Krankheiten vor. Das ist eine von 10 Empfehlungen der Deutschen Gesellschaft für Ernährung. Und: Übergewichtige (mit einem gesunden Stoffwechsel!) nehmen ab, wenn sie diese Empfehlung bei ihrer Ernährung beherzigen und umsetzen.
Normale »Diäten« mit strickten Plänen und reduzierter Kalorienzufuhr sind Quatsch. Das hat zwei Ursachen. Einerseits verändert eine kurzfristige Diät, mit zeitlich begrenztem Ernährungsplan und Kalorienzählen, noch nicht unser jahrelang gewohntes Essverhalten. Zum anderen lernt unser Körper bei jeder Diät, die zugeführte Nahrung besser zu verwerten, wird vom Normalmotor zum Magermotor. Die Folge davon: Wir kommen von Diät zu Diät mit immer weniger Nahrung aus – oder werden bei gleichem Kalorienangebot immer dicker.

Das Bild vom Motor

Was müssen Sie tun, um richtig viel Benzin durch den Auspuff Ihres Autos zu jagen? Sie müssen fahren, wie die wilde Hilde! Und wenn Ihr Motor das nicht hergibt, müssen Sie ihn entsprechend tunen lassen. Vom Käfer zum Porsche. Damit wir viele Kalorien verbrennen, müssen wir unsere Maschinerie ebenfalls tunen: Gas geben, in allen Lebenslagen. Also runter vom Sofa, rein in die Turnschuhe ... und mal ein bisschen auf die Piste gehen.
Keine Sorge: Sie sollen nicht zum Hochleistungssportler werden (PORSCHE ... nicht Formel-1-Ferrari!!), sondern Sie sollen Ausdauersport machen, der dafür sorgt, dass Sie Fett verbrennen.

Ausdauersportarten, die auch für Anfänger geeignet sind:

- *Walken ... also schnelles Gehen, zur Not auch auf dem Laufband im Studio*
- *Fahrradfahren und Cardio-Spinning*
- *Inline-Skates fahren*
- *Schwimmen*
- *Skilanglauf*
- *Cross-Trainer (Fitnessstudio)*

Sie kommen, wenn Sie es richtig machen, auch nicht so höllisch aus der Puste, wie wir das vom Sportunterricht noch kennen: Richtig angepackt, macht Ausdauersport totalen Spaß. »Richtig« heißt: Ihre persönliche Kondition ist der Maßstab für Ihr Training. Sind Sie bislang ein »Couch-Potato« gewesen, dürfen Sie jetzt nicht wie wild losjoggen, da würde Ihr Körper rebellieren: Mit Muskelkater, Müdigkeit und schlechter Laune. Wir wollen aber GUTE LAUNE, mehr Muskeln und viel Spaß. Also, immer langsam mit den jungen Pferden!

Besorgen Sie sich ein Pulsfrequenz-Messgerät

Das sieht aus wie eine ganz normale Uhr fürs Handgelenk, dazu gibt es einen Gurt, den Sie unterhalb der Brust tragen, damit dort Ihr Puls gemessen wird.

Der ideale Pulswert für die Fettverbrennung liegt, je nach Alter und Trainingszustand, zwischen 110 bis 150 Schlägen pro Minute. Der Mittelwert von 130 Schlägen hat sich gut bewährt, obgleich er nur eine grobe Richtschnur ist. Wenn Sie es ganz genau wissen wollen, sollten Sie sich für eine POLAR-Uhr mit »OWN ZONE«-Funktion entscheiden – oder aber bei einem Sportmediziner einen Laktattest machen lassen.

Sobald Sie dann Ihr Rad packen, zum Walken mit dem Hund aufbrechen oder die Inliner anschnallen, sollten Sie so viel (oder so wenig) trainieren, dass Sie diesen Wert erreichen und halten und möglichst lange dabei bleiben. 30 Minuten sind für den Anfang gut, 60 Minuten sind viel besser, 1,5 Stunden ideal und 2 Stunden phantastisch (aber meistens Theorie!).

Sie werden merken, dass Sie mit der Zeit immer mehr tun müssen, um die Frequenz von 130 noch zu erreichen, denn Sie bauen mit jedem Training Fitness auf. Dennoch bleibt die subjektive Anstrengung gleich: Bei einer Pulsfrequenz von 130 kann man sich nämlich gerade noch unterhalten, beginnt am ganzen Körper gleichmäßig zu schwitzen, kommt aber fröhlich und nicht völlig fertig vom Sport.

Tragen Sie auch im Fitnessstudio einen Pulsmesser. Denn nur mit Pulsmesser können Sie erkennen, ob Sie wirklich Fortschritte machen und nur so können Sie vermeiden, dass Sie sich bei Aerobic- oder Step-Aerobic-Stunden überanstrengen.

Mit einem Puls von 180 auf dem Laufband hechelnd zu joggen, wie Sie das in vielen Studios sehen können, ist völliger Schwachsinn: Der Körper wird damit so übersäuert, dass der vermehrte Fettabbau gesundheitlich in den Hintergrund tritt.

Gleich eine Vorwarnung

Ein gutes, zuverlässiges Pulsfrequenz-Messgerät vom Marktführer Polar kostet ab 150 Euro. Es gibt Ihnen jeden Tag nach einer kurzen Testphase Ihre an diesem Tag gültige Belastbarkeit und Ihren Trainingsbereich an. Wenn Sie mal darüber nachdenken, wie viel Geld Sie in Diäten, Pülverchen und Pillen, mehrere Konfektionsgrößen, Kuren und Abnehm-Clubs schon investiert haben, sind diese 150 Euro endlich richtig angelegt!

Häufige Fragen aus unseren Kursen und Seminaren

»Alkohol enthält kein Fett«

Alkohol setzen wir sparsam ein, denn Alkohol hat zwar kein Fett, blockiert aber den Stoffwechsel in der Leber so lange, bis er abgebaut ist; da pro Stunde nur 0,1 Promille abgebaut werden, können Sie sich ausrechnen, wie viele Stunden Ihre Verdauung lahm beim Alkoholabbau gelegt wird – und dabei haben wir jetzt noch nicht über die zusätzlichen (leeren) Kalorien gesprochen, die Alkohol auch noch mitbringt. Gegen ein gelegentliches Glas Bier, ein Gläschen Sekt oder ein Glas Wein ist nichts einzuwenden, aber auch hier gilt: Den Konsum für die persönlichen kleinen Orgien reservieren.
Wir empfehlen daher: Trinken Sie an mindestens 4 Tagen in der Woche gar keinen Alkohol. Denn Vorsicht: Vom täglichen Glas Bier zum (Wohlstands-) Alkoholiker ist es nur ein winziger Schritt.

»30 % Fett pro Gericht oder pro Tag?«

Alles, was Sie essen, sollte nicht mehr als 30 % der Kalorien aus Fett haben. Es geht um den PROZENTUALEN Fettanteil, eine Addition des Fettes in Gramm ist nicht nötig, eine Addition der Fettprozente mathematisch falsch (siehe auch Erklärung Seite 7).

»Ich kann keinen Sport machen, was tun?«

Wenn Sie Asthma haben, Bandscheibenprobleme oder kaputte Knie, ist Sport schwierig. ABER: Sprechen Sie in jedem Fall mit Ihrem Arzt. Fast jede Erkrankung verbessert sich, wenn die körperliche Konstitution verbessert wird. Mehr Sauerstoff, mehr Muskeln, geschmeidigere Gelenke: Gerade bei Problemen mit den Gelenken ist es nötig, Muskulatur gezielt aufzubauen, damit Sie die Gelenke schonen und unterstützen. Bewegung ohne Muskulatur ist wie Autofahren auf Felgen. Deswegen: Muskelaufbau ist in den seltensten Fällen falsch.

»Ich habe Diabetes«

LOW FETT 30 ist ein Programm für Menschen mit gesundem Stoffwechsel. Wenn Sie auf LOW FETT 30 umstellen wollen, machen Sie diese Entscheidung vom Rat Ihres behandelnden Arztes abhängig. Diabetiker sollen zwar grundsätzlich ebenfalls Fett reduzieren und die Zuführung von Zucker über die Nahrung wird heute nicht mehr so problematisch bewertet wie noch vor 10 Jahren. DENNOCH: IHR ARZT HAT HIER DAS SAGEN! Selbstversuche unbedingt unterlassen!

Kleine Ernährungslehre

Hätten Sie's gewußt?

Die Mischung macht's. Die Mischung aus Fetten, aus Kohlenhydraten und aus Eiweiß (Proteinen). Eine gesunde Mischung liegt bei maximal 30 % der Kalorien aus Fett, 50 und mehr % der Kalorien aus Kohlenhydraten und bis zu 15 % der Kalorien aus Proteinen.

Beispiel Nutella

Wenn Sie schon einige Diäten hinter sich gebracht haben und mehr oder weniger auf ihre Figur achten müssen, dann werden Sie bestimmte Nahrungsmittel schon seit Jahren nicht mehr gekauft haben. Ein solches Nahrungsmittel ist für viele unserer Teilnehmer Nutella: Viele sind verrückt nach diesem Brotaufstrich (aber nur nach dem Original!) und verkneifen es sich seit Jahren. Und wer denn mal wieder richtig zugeschlagen hat, der tritt sich geistig in den Hintern. Solche Attacken kommen aber nur, wenn man sich Dinge ständig verbietet. Dann arbeitet das Unterbewusstsein gegen uns. Wenn wir uns alles erlauben und nichts verboten ist, dann rücken viele Gelüste in ein anderes Licht.

Wenn Sie 20 Gramm Nutella (der Inhalt einer Portionsdose, wie Sie sie im Hotel oder in Restaurants bekommen) auf ein Brötchen streichen (und die Butter weglassen), dann ist dieses Brötchen LOW FETT 30. Das heißt: Sie können auch jeden Tag mit einem Nutellabrötchen beginnen. Der einzige »Nachteil«: Nach einer Weile wird Sie das gar nicht mehr so interessieren.

Brennwerte

Aus dem Grundbaustoff »Glucose«, einem einzelnen Zuckermolekül, leiten sich alle weiteren Kohlenhydrate ab: Sie sind nichts weiter als »gekettelte« Glucose-Bausteine. Traubenzucker besteht aus einem Glucose-Baustein, Haushaltszucker und Honig aus zwei Bausteinen, Stärke aus mindestens 18 Bausteinen und Ballaststoffe sind komplexe Konstruktionen von Glucosebausteinen, die wir durch die Verdauung nicht trennen können und die deswegen keinen Brennwert für uns haben.

So gelingt das Backen immer

Kohlenhydrate

Alle Backrezepte enthalten Kohlenhydrate – wenn Sie sich und Ihrem Körper was Gutes tun wollen, verwenden Sie möglichst häufig Vollkorn-Varianten von Mehl, Nudeln und Reis. Gerade Buchweizenvollkornmehl ist für Backwaren, die später mit Obst kombiniert werden, wunderbar geeignet. Das gilt vor allem für Biskuitböden, denn Buchweizenmehl sorgt dafür, dass ein Obstkuchenboden zwar weich ist, aber sich nicht mit Obstsaft so voll saugt wie ein Weizenmehlteig.
Honig und Zucker ist übrigens ernährungsphysiologisch kein großer Unterschied – die paar Enzyme, die der Honig hat, werden durch das Erhitzen beim Backen fast vollständig zerstört – und für die Bauchspeicheldrüse ist es auch egal: Ihre Insulinreaktion ist bei Zucker und Honig identisch.

Protein

Es steckt im Eiweiß der Eier, in Joghurt und Milch, in Quark und in allen anderen Milchprodukten. Gerade Joghurt und Buttermilch ersetzen uns sehr oft das im Originalrezept angegebene Fett.

Fette

Traditionelle Bäcker verwenden Butter, Margarine, Schmalz, Öl, Kokosfett und Eigelb, um nur einige Zutaten zu nennen. Da Fett bei Kuchen und Desserts weniger den Geschmack als vielmehr die Konsistenz selbst beeinflusst, kann man gut mit Ersatzstoffen wie Joghurt, cremigem Quark oder aufgeschlagenem Eiweiß arbeiten.
Hochkarätige und oft unterschätzte Fettlieferanten sind Nüsse und Kerne in jeder Form – deshalb setzen wir sie beim Backen sehr sparsam ein, obwohl so ein Nusskuchen schon eine ziemlich leckere Angelegenheit ist. Von der dicken Kokosnuss bis zum Mohnkörnchen verwenden wir diese Energielieferanten in homöopathischen Dosen.
Gerade unsere heimischen Kerne und Nüsse, wie Haselnuss oder Sonnenblume, liefern erstklassiges und hochwertiges Pflanzenfett – allerdings nur im Rohzustand. Bei hohen Temperaturen gehen die meisten Vitamine verloren und ungesättigte Fettsäuren werden zerstört.
Also: Wenn Ihnen die hochwertigen Pflanzenfette bei Nüssen und Kernen wichtig sind, sollten Sie die Nüsse separat essen, als kleinen Energiesnack für nette Tage.
Schokolade erteilen wir hiermit als Backzutat sogar etwas Absolution. Denn Bitterschokolade enthält nur rund 50 % der Kalorien aus Fett. Eingebaut in ein Rezept mit Mehl, Zucker, Eiweiß, Joghurt relativiert sich der Fettanteil.
Dennoch: Jedes Gramm soll gewogen werden. Die lockere Bewegung aus dem Handgelenk zum Streuen von Schokoflocken ist zwar zeitsparend aber zu ungenau.

Kuchen werden nicht immer gleich. Damit Ihnen der Teig nicht sitzen bleibt, sollten Sie zwei Dinge beherzigen:

1. *Verwenden Sie nur backstarke Markenmehle.*
2. *Trennen Sie die Eier, schlagen Sie das Eiweiß steif und verrühren Sie Eigelb und Zucker so lange, bis es eine weißliche Creme gibt (mindestens 4 Minuten rühren!). Erst ganz zum Schluss heben Sie den Eischnee unter den Teig.*

Und wenn Sie ganz sicher gehen wollen: Je mehr gleichmäßige Hitze ein Kuchenteig von allen Seiten erhält, umso besser. Viele Rührkuchen werden deshalb in Muffinsförmchen wesentlich besser!

Naschkatzen-Spezial-Tipp

Alle, die leidenschaftlich gerne essen, sind echte Spezialisten im Optimieren von Rezepten. Also noch ein bisschen was obendrauf für das ultimative Geschmackserlebnis. Wer gerne bäckt und kocht kennt diese Specials – wir haben in unseren Rezepten deutliche Hinweise dazu gemacht.

Der Naschkatzen-Vorratsschrank

Sie wollen jederzeit in der Lage sein, sich was leckeres Süßes zu backen oder zu kochen? Dann sind Sie für alle Happenings gerüstet: Von Hauptgerichten über leckere Desserts steht Ihnen das süße Schlemmerland offen.

Hier die Produkte, die Sie dann immer im Haus haben sollten:

- *1,5%ige Milch*
- *Mehl (verschiedene Sorten steigern das Geschmackserlebnis)*
- *Dosenobst oder Obst im Glas*
- *TK-Himbeeren*
- *Eier*
- *0,1%igen Joghurt oder 0,2%igen Quark ... am besten beides*
- *Haferflocken*
- *Zucker (oder Alternativen dazu)*
- *Eier*
- *Puddingpulver, Vanille und Schokolade*
- *Gelatine*
- *Tortenguss rot oder hell*

Grundausrüstung beim Backen

Verwenden Sie nach Möglichkeit hochwertige Backformen, die sie nur ganz dünn mit Fett einschmieren müssen; besser ist die Verwendung von Backspray: Es besteht zwar ebenfalls aus Öl, aber man kann damit ganz dünn auch komplizierteste Formen so einfetten, dass nichts haften bleibt.

Bei Springformen reicht es aus, den Boden mit der LOW FETT 30-Dauer-Brat-und-Backfolie zu belegen und einzuspannen. Ein zusätzliches Bestreichen der Seitenwand ist nicht erforderlich. Wenn Sie eine Kastenform verwenden, dann ist auch hier das Backspray die beste Möglichkeit.

Für Muffins sollten Sie sich ein Muffins-Backblech mit 12 Vertiefungen holen und diese nicht fetten, sondern mit Papierbackförmchen auslegen. Sieht nett aus, hält den Teig länger frisch und spart Fett. Backbleche für Blechkuchen belegen Sie ebenfalls am besten großzügig mit Backpapier.

Eine Küchenmaschine gerade für schweren Teig ist einfach himmlisch. Wenn sie neben Rühren und Kneten auch noch Schokolade raspeln kann, ist sie ein echtes Schätzchen.

Ein gutes Handrührgerät tut's zwar auch, der hat aber mitunter beim Hefeteig seine Probleme.

Bevor wir loslegen

Sie wissen es, wir wissen es – dennoch: Manche Ernährungsfachleute glauben einfach nicht, dass wir ohne diesen Hinweis auskommen.

Wenn wir im Rahmen von LOW FETT 30 nicht dazu raten, auf Süßigkeiten zu verzichten, bedeutet das nicht, dass wir gleichzeitig einen Freibrief für kopflosen Zuckerkonsum erteilen. Sie »dürfen« ab sofort weder tütenweise Gummibärchen in sich reinstopfen noch jeden Tag eine Schachtel Dickmanns verdrücken. Sie sollen auch nicht MEHR essen als vorher und schon gar nicht sollen Sie auf die Idee kommen, fette Leibspeisen (z. B. Erdnüsse oder Käse) durch unsinnigen Zuckerkonsum (Cola, Eis etc.) zu »neutralisieren«. Betrügen Sie sich nicht selbst.

In unseren Rezepten verwenden wir ausschließlich Eier der Größe M (bisher Gewichtsklasse 4, 55 bis 60 g), und bei Milch die 1,5%-Variante, bei Quark und Joghurt die 0,2%-Versionen. Entsprechend sind unsere Nährwertangaben bei den Rezepten gerechnet.

Rezepte

Süße Hauptgerichte

ZUTATEN ▶ ZUBEREITUNG

Salzburger Nockerln

6 Eier
80 g Zucker
1 Vanilleschote
80 g Mehl
10 g Margarine
250 ml Milch

Für 4 Personen ▪ Zubereitungszeit: ca. 30 Minuten ▪ Backzeit: ca. 20 Minuten
Pro Person: 354 kcal ▪ 40 g KH ▪ 12 g Fett ▪ 30 % kcal aus Fett

1 Die Eier trennen und die Eiweiße steif schlagen. Dann die Eigelbe mit dem Zucker schaumig rühren, bis eine weiße Creme entsteht. Die Vanilleschote der Länge nach aufschneiden und das Mark unter die Eimasse geben.

2 Etwa ein Drittel des Eischnees mit dem Mehl und der Eigelbmasse verrühren. Den restlichen Eischnee vorsichtig unterheben. Den Backofen auf 200 °C vorheizen.

3 Eine feuerfeste Form mit hohem Rand mit der Margarine ausstreichen und die Milch hineingießen, sie sollte etwa 1 Zentimeter hoch in der Form stehen.

4 Die Masse mit einem Teigschaber kleckweise nebeneinander in die Form setzen und etwa 15 bis 20 Minuten goldgelb backen. Unmittelbar vor dem Servieren die Nockerln mit Puderzucker bestäuben und servieren.

Kaiserschmarrn

2 Eier
40 g Zucker
60 g Rosinen
1 TL gemahlener Zimt
1 Päckchen Bourbon-Vanillezucker
250 ml Milch
80 g Mehl
20 g Margarine

Für 2 Personen ▪ Zubereitungszeit: ca. 20 Minuten ▪ Backzeit: ca. 14 Minuten
Pro Person: 556 kcal ▪ 79,6 g KH ▪ 16,7 g Fett ▪ 26,98 % kcal aus Fett

1 Die Eier trennen und die Eiweiße steif schlagen. Dann die Eigelbe mit dem Zucker schaumig rühren und nach und nach die Rosinen, den Zimt, den Vanillezucker, die Milch und das Mehl dazugeben.

2 Die Margarine in einer Pfanne erhitzen. Den Eischnee unter den Teig heben und diesen sofort in die Pfanne gießen.

3 Von beiden Seiten goldbraun backen, dann mit zwei Gabeln in mundgerechte Bissen zerteilen.

TIPP Noch nicht genug Zucker? Jetzt können Sie noch feinen Zucker darüber streuen oder den Kaiserschmarrn mit Puderzucker überstäuben.

DAS PASST DAZU Apfelmus und Pflaumen- oder Zwetschgenkompott. Für Pflaumenkompott 400 Gramm Pflaumen zerkleinern, mit 2 Esslöffel Zucker, 1/4 Zimtstange und 50 Milliliter Rotwein etwa 5 Minuten kochen lassen.

Germknödel

250 g Mehl
2 Prisen Salz
50 ml lauwarme Milch
10 g brauner Zucker
20 g frische Hefe
1 Eigelb
100 g Zucker
30 g weiche Butter
100 g Pflaumenmus
1 TL gemahlener Zimt
1 Rum-Aroma

Für 6 Personen ■ Zubereitungszeit: ca. 30 Min. ■ Kochzeit: ca. 16 Min. ■ Ruhezeit: ca. 1 Std. 20 Min.
Pro Person: 304 kcal ■ 57 g KH ■ 5,5 g Fett ■ 16,26 % kcal aus Fett

1 Aus Mehl, Salz, Milch, braunem Zucker und Hefe einen Vorteig herstellen und 30 Minuten zugedeckt an einem warmen Plätzchen gehen lassen (Tipp: In der Heizperiode die Schüssel auf einen Heizkörper stellen).

2 Anschließend das Eigelb, den restlichen Zucker und die Butter ebenfalls dazugeben und alles zu einem glatten Teig verarbeiten. Diesen Teig wieder 30 Minuten zugedeckt gehen lassen.

3 Von dem gegangenen Hefeteig 6 Portionen abstechen und zu Klößen formen. Das Pflaumenmus mit dem Zimt und dem Rum-Aroma verrühren. Mit dieser Mischung die 6 Teigkugeln füllen und mit einem Küchentuch bedeckt nochmals 20 Minuten gehen lassen.

4 In einem Topf mit großem Durchmesser reichlich Wasser mit etwas Salz zum Kochen bringen und maximal je 3 Klöße auf beiden Seiten 8 Minuten bei schwacher Hitze garen lassen. Abgetropft auf einen Teller geben und nach Belieben mit Puderzucker bestreuen.

TIPP Vanillesauce ist sicher sehr gut zu Germknödeln. Noch besser finde ich persönlich frisch gemachtes Zwetschgen- oder Pflaumenkompott (S. 18).

Österreichische Birnenknödel

500 g mehlig kochende Kartoffeln
300 g Birnen (weiche Sorte)
10 g Butter
1 Ei
Salz
100 g Weizengrieß
100 g Weizenmehl (Type 405)
1 TL Zimt
1 Päckchen Citroback
1-2 TL Zucker
75 g Haselnüsse
1 Päckchen Bourbon-Vanillezucker

Für 4 Personen ■ Zubereitungszeit: ca. 30 Min. ■ Kochzeit: ca. 4 Min.
Pro Person: 489 kcal ■ 15,5 g Fett ■ 60 g KH ■ 28,52 % kcal aus Fett

1 Die Kartoffeln gar kochen, pellen und noch heiß durch eine Kartoffelpresse drücken. Birnen schälen und entkernen und in kleine Würfel schneiden.

2 Die Butter zerlassen. Mit Ei, Salz, Grieß, Mehl, Zimt und Citroback zur Kartoffelmasse geben und alles rasch zu einem Teig verarbeiten. Die Birnenstückchen darunter mischen und aus dem Teig kleine Knödel formen.

3 Reichlich Salzwasser zum Kochen bringen. Die Knödel hineingeben, nicht zu viele auf einmal, und bei schwacher Hitze etwa 15 Minuten ziehen lassen.

4 Den Zucker mit den Haselnüssen und dem Bourbon-Vanillezucker in einem Suppenteller mischen. Die fertigen Knödel herausnehmen und in dieser Mischung wälzen. Dazu passt Birnenkompott oder ein Softeis.

Dampfnudeln

Für 12 Stück ▪ Zubereitungszeit: ca. 30 Min. ▪ Backzeit: ca. 30 Min. ▪ Ruhezeit: ca. 1 Std. 30 Min.
Pro Stück: 260 kcal ▪ 38,4 g KH ▪ 7 g Fett ▪ 24,53 % kcal aus Fett

500 g Mehl
1 TL Salz
250 ml Milch
25 g frische Hefe
2 Eier
80 g Zucker
250 ml Wasser
80 g Butter
2 Päckchen Bourbon-Vanillezucker
1 Fläschchen Butter-Aroma

1 Aus Mehl, Salz, Milch (3 Esslöffel zurückbehalten), Hefe, Eiern und 1 Teelöffel Zucker einen Hefeteig zubereiten und 1 Stunde gehen lassen.

2 Von dem gegangenen Hefeteig 12 Portionen abstechen und auf einem bemehlten Nudelbrett zugedeckt weitere 20 Minuten gehen lassen.

3 In einem großen schweren Topf, am besten einem gusseisernen Bräter mit passendem Deckel, die restliche Milch, das Wasser, die Butter, den Vanillezucker, das Butter-Aroma und den restlichen Zucker erwärmen.

4 Die gegangenen Nudeln hineinsetzen und bei geschlossenem Deckel – auf keinen Fall zwischendurch abnehmen – und mäßiger Hitze 30 Minuten leise kochen lassen.

5 Die Dampfnudeln noch heiß servieren.

TIPP Zu den Dampfnudeln passen Apfelmus und Vanillesauce. Wer ganz fleißig ist, kann die Dampfnudeln auch noch mit Pflaumenmus füllen.

Pflaumenknödel

Für 4 Personen ▪ Zubereitungszeit: ca. 20 Min. ▪ Kochzeit: ca. 45 Min.
Pro Person: 842 kcal ▪ 168 g KH ▪ 2,9 g Fett ▪ 3,85 % Fettkalorien

500 g reife Zwetschgen
500 g passierten Quark
500 g Mehl
ca. 20 Stück Würfelzucker
1 TL Salz
10 g Butter

1 Die Zwetschgen waschen und so entkernen, dass die beiden Hälften noch aneinander hängen.

2 Den Teig kneten, dann ca. 1 cm dick ausrollen. 7 x 7 cm große Vierecke schneiden, jeweils 1 Pflaume hineinsetzen, mit einem Stück Zucker füllen und den Teig darum herum kneten.

3 Die Pflaumenknödel in sprudelnd kochendes Wasser gleiten lassen und bei schwacher Hitze ziehen lassen. Immer wieder vorsichtig umrühren, damit die Knödel nicht am Boden ankleben. Die Knödel sind 5 Minuten, nachdem sie an die Wasseroberfläche gestiegen sind, gar.

TIPP Dazu passt Zimt-Zucker oder Vanillequark, ganz lecker mit ein paar Tropfen Rum-Aroma.

Quarkknödel mit Erdbeeren

40 g Butter
150 g Quark
2 Eier
170 g Mehl
1 Päckchen Citroback
Salz
2 Päckchen Bourbon-Vanillezucker
250 g tiefgefrorene Erdbeeren

Für 4 Personen ▪ Zubereitungszeit: ca. 30 Min. ▪ Kühlzeit: ca. 4 Std. ▪ Kochzeit: 10-12 Min.
Pro Person: 401 kcal ▪ 12 g Fett ▪ 44,3 g KH ▪ 26,85 % kcal aus Fett

1 Die Butter in einer Schüssel schaumig rühren. Abwechselnd Quark, Eier und Mehl unterrühren. Citroback, Salz sowie Vanillezucker hinzufügen und das Ganze gut durchmischen.

2 Den Teig mit einem Tuch zudecken und 4 Stunden kühl stellen.

3 Aus der Masse kleine Knödel formen und in jeden Knödel eine Einbuchtung drücken. In die Einbuchtung jeweils 1 gefrorene Erdbeere geben und den Knödel wieder verschließen.

4 Reichlich Salzwasser zum Kochen bringen. Die Knödel hineingeben und ca. 2 Minuten kochen lassen. Dann die Hitze etwas reduzieren und die Knödel weitere 6 Minuten gar ziehen lassen.

TIPP Dazu schmeckt Erdbeerpüree sehr gut als Sauce.

Nougatknödel

140 g Mehl
500 g Quark
80 g Grieß
1 Ei
Salz
100 g Nougatschokolade
Semmelbrösel
1 TL Butter

Für 4 Personen ▪ Zubereitungszeit: ca. 30 Min. ▪ Kühlzeit: ca. 1 Stunde ▪
Kochzeit: ca. 12 Min.
Pro Person: 150 kcal ▪ 3,5 g Fett ▪ 14 g KH ▪ 21,5 % kcal aus Fett

1 Mehl, Quark, Grieß, Ei und 1 Prise Salz gut verkneten. Den Teig in Klarsichtfolie einschlagen und 1 Stunde kalt stellen.

2 Den Teig zur Rolle formen und in 12 Stücke teilen. Jedes Teigstück in der Handfläche flach drücken, jeweils zwei Schokoladenstücke hineingeben, rundherum mit Teig verhüllen und zu Knödeln formen.

3 Die Knödel in kochendes Salzwasser geben und bei schwacher Hitze ca. 12 Minuten ziehen lassen.

4 Inzwischen die Semmelbrösel mit der Butter in einer beschichteten Pfanne unter Rühren goldbraun rösten.

5 Die Knödel mit einer Schöpfkelle aus dem Wasser heben, abtropfen lassen und mit den Bröseln bestreut servieren.

TIPP Servieren Sie zu den Nougatknödeln eine selbst gemachte Vanillesauce. Da kann dann sicher keine Naschkatze mehr widerstehen!

ZUTATEN ▶ ZUBEREITUNG

Pfirsich-Ananas-Auflauf

1 Dose Pfirsiche, halbe Frucht (850 ml)
1 Dose Ananas in Würfeln (580 ml)
2 EL Orangenmarmelade
1 TL Rum
4 Scheiben Toastbrot
50 g Halbfettbutter
2 TL Honig
4 TL Kokosraspel

Für 4 Personen ■ Zubereitungszeit: ca. 35 Min.
Pro Person: 326 kcal ■ 10 g Fett ■ 56 g KH ■ 27 % kcal aus Fett

1 Den Backofen auf 200 °C vorheizen.

2 Die Pfirsichhälften und die Ananaswürfel in einem Sieb abtropfen lassen. Die Früchte in eine flache Auflaufform geben.

3 Die Orangenmarmelade mit dem Rum verrühren und auf die Früchte streichen.

4 Die Toastbrotscheiben mit Butter und Honig bestreichen und mit Kokosraspeln bestreuen. Die Brotscheiben in Würfel schneiden und über die Früchte geben. Den Auflauf im Backofen etwa 25 Minuten überbacken.

Reisauflauf mit Äpfeln

500 ml Milch
150 g Milchreis
1 Fläschchen Vanille-Aroma
1 TL abgeriebene Schale einer unbehandelten Zitrone
1 EL Butter
6 EL Rosinen
4 säuerliche Äpfel
Saft von 1 Zitrone
4 EL Honig
2 Eigelb
1 TL Öl
2 Eiweiß
1 Prise Salz

Für 4 Personen ■ Zubereitungszeit: ca. 30 Min. ■ Backzeit: 10–15 Min.
Pro Person: 457 kcal ■ 10 g Fett ■ 65,5 g KH ■ 9,5 % kcal aus Fett

1 Die Milch mit dem Milchreis, dem Vanille-Aroma, der Zitronenschale sowie der Butter in einen Topf geben und bei mäßiger Hitze etwa 15 Minuten köcheln lassen. Dann die Mischung von der Herdplatte nehmen und weitere 10 Minuten ausquellen lassen.

2 In der Zwischenzeit die Rosinen in etwas Wasser einweichen. Die Äpfel schälen, entkernen, in dünne Spalten schneiden und mit Zitronensaft beträufeln, damit sie sich nicht braun färben.

3 Den Backofen auf 180 °C vorheizen. Den Reisbrei mit dem Honig süßen und die Eigelbe vorsichtig unterrühren.

4 Eine Auflaufform mit Öl auspinseln. Die Apfelspalten auf dem Boden verteilen und mit den eingeweichten, abgetropften Rosinen bestreuen.

5 Die Eiweiße mit Salz steif schlagen und vorsichtig unter die Reismasse heben. Das Ganze auf die Äpfel geben und den Auflauf 10 bis 15 Minuten auf der mittleren Schiene backen.

Rhabarberauflauf mit Reis

Für 4 Personen ■ Zubereitungszeit: ca. 1 Std. 10 Min. ■ Backzeit: ca. 50 Min.
Pro Person: 678 kcal ■ 19 Fett ■ 93,5 g KH ■ 25 % kcal aus Fett

1 Den Rhabarber in Stücke schneiden und mit 150 Gramm Zucker und dem Zitronensaft halb gar kochen. Abkühlen lassen.

2 Die Milch mit dem Salz aufkochen, den Milchreis dazugeben und 30 Minuten ausquellen lassen, er soll noch körnig sein. Den restlichen Zucker unterrühren und den Reis abkühlen lassen.

3 Den Backofen auf 200 °C vorheizen. Die Eigelbe, die Rum-Rosinen, die Mandeln, den Vanillinzucker und den Rhabarber unterheben. Die Eiweiße steif schlagen und unterziehen.

4 Eine Auflaufform mit Butter einfetten und die Reismasse locker einfüllen. Den Auflauf im Backofen ca. 45 Minuten backen.

5 Den Auflauf mit Puderzucker überstäuben und nochmals für 5 Minuten zum Glasieren in den Ofen schieben. Sofort servieren.

750 g Rhabarber
225 g Zucker
Saft von 1 Zitrone
500 ml Milch
1 Prise Salz
100 g Milchreis
4 Eigelb
75 g Rum-Rosinen
50 g gehackte Mandeln
1 Päckchen Vanillinzucker
4 Eiweiß
1 TL Butter
2 EL Puderzucker

Grieß-Quark-Auflauf mit Beeren

Für 4 Personen ■ Zubereitungszeit: ca. 20 Min. ■ Backzeit: ca. 50 Min.
Pro Person: 576 kcal ■ 12 g Fett ■ 78,5 g KH ■ 19 % kcal aus Fett

1 Die Zwiebackscheiben in kleine Stücke brechen und mit 150 Milliliter Milch übergießen.

2 Die Eigelbe mit dem Zucker, dem Vanillinzucker und dem Salz schaumig schlagen. Die Zwiebackstücke, den Quark, die restliche Milch, den Grieß und das Backpulver dazugeben und gut verrühren.

3 Den Backofen auf 180 °C vorheizen. Die Eiweiße steif schlagen und unterziehen.

4 Die Auflaufform leicht einfetten, die Beeren hineingeben und die Quark-Grieß-Masse darauf verteilen. Mit den Mandelblättchen bestreuen und ca. 50 Minuten backen. Den fertigen Auflauf herausnehmen und sofort servieren.

100 g Zwieback
275 ml lauwarme Milch
3 Eigelb
125 g Zucker
1 Päckchen Vanillinzucker
1 Prise Salz
500 g Quark
100 g Grieß
3 TL Backpulver
3 Eiweiß
1 TL Sonnenblumenöl
450 g Johannisbeeren oder TK-Beerenmischung
2 EL Mandelblättchen

Himbeermilchreis

250 g Milchreis
750 ml Milch
1 TL gemahlener Zimt
50 g Zucker
2 Päckchen Bourbon-Vanillezucker
450 g TK-Himbeeren

Für 4 Personen ▪ Zubereitungszeit: ca. 15 Min. ▪ Kochzeit: ca. 20 Min. ▪ Quellzeit: ca. 20 Min.
Pro Person: 418 kcal ▪ 3,9 g Fett ▪ 83 g KH ▪ 8,41 % kcal aus Fett

1 Den Reis mit der Milch und dem Zimt kalt aufsetzen und zum Kochen bringen.
2 Alles unter ständigem Rühren bei mittlerer Hitze ca. 7 Minuten köcheln lassen. Dann Zucker und Bourbon-Vanillezucker unterrühren.
3 Den Herd ausschalten und die TK-Himbeeren zügig unter den Milchreis heben. Den Himbeermilchreis zum Ausquellen noch 20 Minuten auf der ausgeschalteten Herdplatte zugedeckt stehen lassen. Noch warm servieren.

Sächsische Quarkkeulchen

350 g Pellkartoffeln
2 Eier
250 g Quark
1 Prise Salz
5 gestrichene EL Zucker
1 Prise gemahlener Zimt
50 g Rosinen
etwas abgeriebene Schale einer unbehandelten Zitrone
2-3 EL Mehl
2 TL Margarine

Für 16 Stück ▪ Zubereitungszeit: ca. 50 Min.
Pro Portion: 80 kcal ▪ 2 g Fett ▪ 11 g KH ▪ 23 % kcal aus Fett

1 Die Kartoffeln waschen und in wenig Wasser gar kochen. Die fertigen Kartoffeln abgießen, abschrecken, pellen und noch heiß durch die Kartoffelpresse drücken.
2 Die Eier, den Quark, das Salz, den Zucker, den Zimt, die Rosinen und die Zitronenschale zugeben und zu einem geschmeidigen Teig verarbeiten.
3 Aus der Masse 16 Keulchen (Plätzchen) formen und diese in Mehl wenden.
4 Die Margarine in einer beschichteten Pfanne heiß werden lassen und die Keulchen darin von beiden Seiten langsam bei schwacher Hitze goldbraun braten.

TIPP Mit Zimtzucker bestreuen und mit Apfelkompott servieren.

ZUTATEN ▶ ZUBEREITUNG

Kartoffelmaultaschen

Für 4 Personen ■ Zubereitungszeit: ca. 40 Min. ■ Backzeit: ca. 45 Min. ■ Ruhezeit: ca. 10 Min.
Pro Stück: 708 kcal ■ 98 g KH ■ 19 g Fett ■ 24,19 % kcal aus Fett

Für den Teig
1 kg Kartoffeln
Salz
250 g Mehl
3 Eier
50 g zerlassene Butter
125 g saure Sahne (10 % Fett)
1 TL Margarine
125 ml Milch

Für die Füllung
250 g Pflaumen
1 TL gemahlener Zimt
1 EL Zucker

1 Für den Teig die Kartoffeln schälen, würfeln, in Salzwasser kochen und noch heiß durchpressen. Anschließend auf einem Brett auskühlen lassen.
2 Für die Füllung die Pflaumen entsteinen und in kleine Streifen schneiden. Mit dem Zimt und dem Zucker verrühren.
3 Mehl und 1 Prise Salz über die Kartoffeln streuen und die Eier dazugeben. Aus den Zutaten schnell einen geschmeidigen Teig zubereiten und diesen zur Rolle formen. Den Backofen auf 180 °C vorheizen.
4 Von der Rolle dicke Scheiben abschneiden und zu handtellergroßen Flecken ausrollen. Die Flecken mit der zerlassenen Butter und der sauren Sahne bepinseln, dann die Füllung darauf verteilen und mit einem zweiten Flecken bedecken. Alternativ kann man die Flecken auch auf die Hälfte zusammenklappen und die Ränder fest drücken.
5 Eine Reine oder Auflaufform mit Margarine einfetten, die Maultaschen hineinschichten und ca. 45 Minuten backen. Nach der Hälfte der Garzeit die Milch darüber gießen.

TIPP Servieren Sie die Maultaschen mit Vanillesauce oder Früchtekompott. Auch Apfelblaukraut passt gut dazu.

Palatschinken

Für 4 Personen ■ Zubereitungszeit: ca. 30 Min. ■ Ruhezeit: ca. 2 Std.
Pro Stück: 292 kcal ■ 34 g KH ■ 11 g Fett ■ 33,2 % kcal aus Fett

200 g Vollkornmehl
1 Prise Salz
20 g Zucker
1 Päckchen Bourbon-Vanillezucker
4 Eier
450 ml Milch
10 g Margarine

1 Das Mehl zusammen mit dem Salz, dem Zucker und dem Bourbon-Vanillezucker in einer Schüssel verrühren.
2 Die Eier dazugeben und nach und nach unter kräftigem Rühren die Milch einrühren. Den Teig 2 Stunden ruhen lassen.
3 Ist der Teig danach fest, noch etwas Milch zugeben; die Konsistenz des Teiges sollte flüssig sein.
4 Eine beschichtete Pfanne dünn mit Margarine auspinseln und nach und nach die Pfannkuchen ausbacken.

ZUBEREITUNG ◀ ZUTATEN

Apfelpfannkuchen

Für 4 Personen ■ Zubereitungszeit: ca. 45 Min.
Pro Person: 445 kcal ■ 71,5 g KH ■ 8,6 g Fett ■ 17,33 % kcal aus Fett

4 Eier
50 g Zucker
200 g Mehl
50 g Rosinen
450 ml Milch
300 g Äpfel
1 EL Zitronensaft
10 g Öl

1 Die Eier trennen und die Eiweiße steif schlagen.
2 Die Eigelbe mit dem Zucker schaumig rühren und mit dem Mehl, den Rosinen und der Milch vermengen.
3 Die Äpfel schälen, entkernen, in Scheiben schneiden und mit dem Zitronensaft übergießen.
4 Eine beschichtete Pfanne kurz mit Öl auspinseln und erhitzen.
5 Den Eischnee unter den Teig heben und 1 bis 3 Schöpflöffel in die Pfanne geben. Darüber die Apfelringe setzen und den Pfannkuchen von beiden Seiten goldbraun backen.

TIPP Wie groß oder wie dick Apfelpfannkuchen sein sollen, ist schon fast eine Glaubensfrage. Die einen lieben die dicken knusprigen, andere bevorzugen hauchdünne, kleine Küchlein. Sicher ist: Die dicken gehen (auf die Masse des Gesamtteiges gesehen) nicht nur schneller, sie nehmen prozentual beim Backen auch weniger Fett auf. Probieren Sie's aus!

Pflaumensuppe mit Grießklößchen

Für 4 Personen ■ Zubereitungszeit: ca. 45 Min. ■ Quellzeit: ca. 10 Min. ■ Kochzeit: ca. 50 Min.
Pro Person: 442,50 kcal ■ 67 g KH ■ 7,1 g Fett ■ 14,49 % kcal aus Fett

500 g Pflaumen
120 g Zucker
1 EL gemahlener Zimt
400 g Pfirsiche
250 ml Milch
1 Päckchen Bourbon-Vanillezucker
20 g Butter
100 g Grieß
1 Ei

1 Die Pflaumen waschen, halbieren und entkernen. Mit 80 Gramm Zucker und dem Zimt bestreuen, mit Wasser bedecken und 10 Minuten kochen lassen.
2 Die Pfirsiche mit kochendem Wasser überbrühen und häuten. Danach entkernen und in mundgerechte Würfel schneiden. Die Fruchtstücke zu den Pflaumen geben und ziehen lassen. Eventuell noch etwas nachzuckern.
3 Für die Grießklößchen die Milch mit dem Vanillezucker, dem restlichen Zucker und der Butter aufkochen, den Grieß unterrühren und den Brei noch einmal aufkochen lassen. Vom Herd nehmen, das Ei unterziehen und den Brei 10 Minuten quellen lassen.
4 Von der Masse mit zwei Löffelchen Klöße abstechen. Die Klößchen in siedendes Salzwasser setzen und 5 Minuten ziehen lassen. Die Grießklößchen herausnehmen, kurz abtropfen lassen und zur Pflaumensuppe geben.

Desserts, Shakes & Saucen

Zutaten ▶ Zubereitung

Zitronengranité

Saft von 3 Zitronen
250 ml Apfelsaft
80 g Zucker
Minzeblättchen zur Dekoration

Für 4 Personen ■ Zubereitungszeit: ca. 20 Min. ■ Kühlzeit: ca. 3 Std.
Pro Person: 105 kcal ■ 0 g Fett ■ 28 g KH ■ 0 % kcal aus Fett

1 Zitronensaft und Apfelsaft mischen und den Zucker darin auflösen. Dann in eine bauchige Schüssel geben und ca. 3 Stunden in das Tiefkühlgerät stellen.

2 Alle 30 Minuten kräftig durchrühren, damit sich nicht so große Kristalle bilden. Wer es ganz fein mag, nimmt den Pürierstab zu Hilfe.

3 Die Zitronengranité in mittelgroße Gläser füllen und mit Minze garnieren.

TIPP Die bauchige Schüssel ist bei der Zubereitung von Granités wichtig: In den Ecken einer normalen Schüssel setzen sich Reste ab, die dann hartgefroren sind und sich nicht mehr pürieren lassen.

Erdbeergranité

250 g Erdbeeren
80 g Zucker
1 Spritzer Zitronensaft
Minzeblättchen zur Dekoration

Für 4 Personen ■ Zubereitungszeit: ca. 30 Min. ■ Kühlzeit: ca. 3 Std.
Pro Person: 98 kcal ■ 0,25 g Fett ■ 24 g KH ■ 2,3 % kcal aus Fett

1 Die Erdbeeren putzen, waschen und pürieren. Das Püree mit dem Zucker verrühren und dann durch ein feines Sieb streichen, damit die Kerne entfernt werden.

2 Das Püree in eine bauchige Schüssel geben und ca. 3 Stunden in das Tiefkühlgerät stellen. Alle 30 Minuten kräftig durchrühren, damit sich nicht so große Kristalle bilden. Wer es ganz fein mag, nimmt den Pürierstab zu Hilfe.

3 In mittelgroße Gläser füllen und mit Minze dekorieren.

ZUTATEN ▸ ZUBEREITUNG

Quark-Aprikosen-Eis

Für 6 Portionen ▪ Zubereitungszeit: ca. 15 Min. ▪ Kühlzeit: ca. 20 Min.
Pro Person: 179 kcal ▪ 5g Fett ▪ 26,4 g KH ▪ 25,8 % kcal aus Fett

400 g vollreife Aprikosen
3 EL Zitronensaft
100 g Puderzucker
2 EL Blütenhonig
100 g Quark
100 g Sahne
1 Eiweiß
Salz
etwas abgeriebene Schale einer unbehandelten Zitrone

1 Die Aprikosen halbieren, entsteinen und sechs Hälften beiseite legen. Die restlichen Aprikosenhälften in grobe Stücke schneiden und zusammen mit dem Zitronensaft, dem Puderzucker und dem Honig pürieren.

2 Den Quark, die Sahne, das Eiweiß und 1 Prise Salz in einer Rührschüssel mit dem Schneebesen kräftig verrühren.

3 Das Fruchtpüree auf die Quarkmasse geben, alles gut vermischen und mit etwas Zitronenschale abschmecken.

4 Diese Eisgrundmasse in das laufende Eisgerät einfüllen und in etwa 20 Minuten gefrieren lassen.

5 Zusammen mit den beiseite gelegten Aprikosenhälften auf Tellern anrichten und servieren.

TIPP Noch zarter schmeckt das Eis, wenn Sie die Aprikosen vor der Verarbeitung mit kochendem Wasser überbrühen und häuten. Wer Zeit sparen will, nimmt eingelegte Aprikosen.

Cassissorbet

Für 8 Personen ▪ Zubereitungszeit: ca. 10 Min. ▪ Kühlzeit: ca. 2 Std.
Pro Person: 182 kcal ▪ 5 g Fett ▪ 20 g KH ▪ 25 % kcal aus Fett

12 EL Cassislikör
2 EL Zucker
3 Eiweiß
500 ml Cassis-Fruchteis
8 Minzeblättchen

1 Für einen Frostrand 4 Esslöffel Cassislikör und den Zucker jeweils auf einen kleinen, flachen Teller geben. Die Ränder von 8 Sektgläsern erst in den Likör und danach in den Zucker tauchen, im Gefriergerät ca. 2 Stunden anfrieren lassen.

2 Die Eiweiße steif schlagen. Das Cassis-Fruchteis cremig rühren, den Eischnee unterheben und in die vorbereiteten Gläser füllen. Den übrigen Cassislikör über das Sorbet verteilen und mit Minzeblättchen garnieren. Sofort servieren.

Orangencreme

Für 4 Personen ■ Zubereitungszeit: ca. 45 Min. ■ Kühlzeit: ca. 4-5 Std.
Pro Person: 563 kcal ■ 16 g Fett ■ 76 g KH ■ 25,64 % kcal aus Fett

10 große Orangen
2 Päckchen Gelatine
120 g Zucker
1 Fläschchen Rum-Aroma
2 Päckchen Bourbon-Vanillezucker
250 g Quark
250 g Dickmilch
2 Eiweiß
200 g Sahne

1 Die Orangen schälen, filetieren und mit dem aufgefangenen Saft und der Gelatine in einem großen Topf auf kleinster Temperaturstufe auf den Herd stellen, damit sich die Gelatine auflöst.

2 In der Zwischenzeit den Zucker mit dem Rum-Aroma, dem Bourbon-Vanillezucker, dem Quark und der Dickmilch mit einem Handrührgerät auf mittlerer Stufe verrühren, bis sich der Zucker komplett gelöst hat.

3 Die lauwarme Fruchtmasse unter das Quark-Joghurt-Gemisch rühren und 30 Minuten in den Kühlschrank stellen.

4 Dann nacheinander die Eiweiße zu Schnee und die Sahne steif schlagen. Zuerst die Sahne unter die Fruchtmasse rühren und ganz zum Schluss den Eischnee unterheben. Die Creme in etwa 4 Stunden im Kühlschrank fest werden lassen.

TIPP Besonders hübsch sieht es aus, wenn Sie zum Servieren mit einem Löffel für jeden Teller 2 Klößchen von der Orangencreme abstechen und mit ein paar frischen Orangenfilets anrichten. Das Dessert mit Zitronenmelisseblättchen garnieren.

Zitronencreme

Für 4 Personen ■ Zubereitungszeit: ca. 30 Min. ■ Kühlzeit: mindestens 4 Std. 30 Min.
Pro Person: 200 kcal ■ 1,25 g Fett ■ 40 g KH ■ 5,7 % kcal aus Fett

3 unbehandelte Zitronen
1 Päckchen Gelatine
120 g Zucker
250 g Joghurt
250 g Quark
1 Päckchen Citroback
2 Eiweiß

1 Die Zitronen heiß waschen, die Zitronenschalen abreiben und Saft der Zitronen auspressen. Zitronensaft mit der Gelatine erwärmen, bis sich Gelatine vollständig gelöst hat.

2 Den Zucker mit dem Joghurt, dem Quark und dem Citroback verrühren, bis der Zucker aufgelöst ist. Die leicht abgekühlte Zitronenmasse mit der Quarkmasse verrühren und für 30 Minuten in den Kühlschrank stellen.

3 Die Eiweiße steif schlagen und unter die Zitronenmasse heben. In Portionsgläser oder in eine flache Schüssel füllen und für mindestens 4 Stunden, besser noch über Nacht, in den Kühlschrank stellen.

ZUTATEN ▶ ZUBEREITUNG

Vanille-Quark-Soufflé

Für 4 Personen ▪ Zubereitungszeit: ca. 15 Min. ▪ Backzeit: 25–30 Min. ▪
Kühlzeit: ca. 2 Std.
Pro Person: 196 kcal ▪ 5 g Fett ▪ 18 g KH ▪ 23 % kcal aus Fett

300 g Quark
2 Eier
30 g Mehl
20 g brauner Zucker
3 Päckchen Bourbon-Vanillezucker
abgeriebene Schale von 1/2 unbehandelten Zitrone
4 Eiweiß
Salz
1 TL Butter
Zucker zum Bestreuen

1 Mit dem Handrührgerät den Quark, die Eier, das Mehl, den Zucker, den Vanillezucker und die Zitronenschale glatt rühren. Die Masse 2 Stunden kalt stellen.

2 Den Backofen auf 180 °C vorheizen. Die Eiweiße mit 1 Prise Salz sehr steif schlagen. Zuerst 3 Esslöffel Eischnee kräftig unter die Quarkmasse rühren, dann den Rest vorsichtig unterheben.

3 Eine große feuerfeste Form oder kleine dickwandige Tassen mit Butter ausstreichen, mit Zucker ausstreuen und die Soufflémasse einfüllen. Die Form darf nur zu zwei Dritteln gefüllt sein.

4 Das Soufflé 25 bis 30 Minuten (bei Tassen nur 15 Minuten) backen. Den Backofen die ersten 10 Minuten nicht öffnen, das Soufflé fällt sonst zusammen.

Flammende Bananen

Für 4 Personen ▪ Zubereitungszeit: ca. 20 Min.
Pro Portion: 418 kcal ▪ 12 g Fett ▪ 74 g KH ▪ 26 % kcal aus Fett

4 Bananen
25 g Butter
1 Zitrone
4 EL Kokosraspel
250 ml Himbeersauce
5 EL Himbeergeist

1 Die Bananen schälen und in nicht zu schräge Scheiben schneiden. Eine große oder vier kleine Auflaufformen mit Butter einfetten und die Bananenscheiben hineinlegen.

2 Den Backofen auf 180 °C vorheizen. Die Zitrone auspressen und den Saft über die Bananen gießen. Die Kokosraspel darüber streuen und mit der restlichen Butter in Flöckchen belegen. Die Bananen im Backofen ca. 10 Minuten backen.

3 Die Himbeersauce um die Bananen gießen. Den Himbeergeist erwärmen, auf die Bananen gießen, anzünden (flambieren) und die »Flammenden Bananen« brennend zu Tisch bringen.

ZUTATEN ▸ ZUBEREITUNG

Himbeer-Sahne-Quark

500 g Himbeeren
100 g Zucker
400 g Quark
1 Päckchen Bourbon-Vanillezucker
2 Eiweiß
100 g Sahne

Für 4 Personen ▪ Zubereitungszeit: ca. 20 Min.
Pro Person: 321 kcal ▪ 8,2 g Fett ▪ 41 g KH ▪ 22,83 % kcal aus Fett

1 Die Himbeeren kurz abbrausen, abtropfen lassen und mit der Hälfte des Zuckers vermischen.
2 Den Quark mit dem Bourbon-Vanillezucker und dem restlichen Zucker gut verrühren, bis sich der Zucker gelöst hat. Die Eiweiße und die Sahne nacheinander steif schlagen.
3 Die Himbeeren unter den Quark rühren, dann die Sahne unterziehen und am Schluss den Eischnee unterheben. Den Himbeer-Sahne-Quark sofort in schönen Bechern servieren.

TIPP Der Quark schmeckt auch mit Erdbeeren oder Heidelbeeren.

Joghurt mit Zisch

4 EL Haferflocken
1 EL Zucker
etwas gemahlener Zimt
150 g Naturjoghurt
100 g frische vorbereitete Früchte nach Belieben

Für 1 Person ▪ Zubereitungszeit: ca. 10 Min. ▪ von Kerstin Eyrich
Pro Portion: 260 kcal ▪ 3 g Fett ▪ 45 g ▪ KH, 10,5 %

1 Die Haferflocken in einer beschichteten Pfanne ohne Fett vorsichtig goldgelb rösten, dabei ab und zu umrühren.
2 Den Zucker und etwas Zimt nach Belieben zu den Haferflocken geben und bei mittlerer Hitze ständig verrühren, bis der Zucker karamellisiert.
3 Die Haferflocken in eine Schüssel schütten und den Joghurt sofort dazugeben – das zischt wunderbar – und die Früchte darauf verteilen.

TIPP Statt Zucker 1 Esslöffel Ahornsirup über den Joghurt verteilen.

Süßer Pflaumenquark

Für 4 Personen ■ Zubereitungszeit: ca. 20 Min. ■ von Sylvia Kümmel
Pro Portion: 232 kcal ■ 4,5 g Fett ■ 23 g KH ■ 17,5 % kcal aus Fett

100 g Trockenpflaumen
500 g Quark
50 ml heiße Milch
3 EL gemahlene Haselnüsse
40 g Zucker
gemahlener Zimt

1 Die Trockenpflaumen klein schneiden, mit 2 Esslöffel heißem Wasser überbrühen und 10 Minuten ziehen lassen.

2 Den Quark mit der heißen Milch cremig rühren. Die Haselnüsse in einer beschichteten Pfanne ohne Fett vorsichtig anrösten.

3 Den Quark, die Pflaumen, die Haselnüsse und den Zucker miteinander verrühren und mit Zimt abschmecken.

TIPP Der süße Pflaumenquark schmeckt am nächsten Tag noch besser, wenn die Pflaumen richtig durchgezogen sind.

Schoko-Mint-Mousse

18 Stück Schokolade-Pfefferminz-Täfelchen (z. B. After Eight)
4 Eiweiß
4 Erdbeeren (nach Saison)
Minzeblättchen zur Dekoration
Puderzucker zum Bestäuben

Für 4 Personen ■ Zubereitungszeit: ca. 10 Min. ■ Kühlzeit: ca. 1 Std.
Pro Person: 217 kcal ■ 4,5 g Fett ■ 19 % kcal aus Fett

1 Die Schokolade-Pfefferminz-Täfelchen zerbrechen und bei milder Hitze in der Mikrowelle oder im Wasserbad schmelzen lassen.

2 Die Eiweiße sehr steif schlagen und etwa ein Drittel des Eischnees mit dem Schneebesen unter die warme Schokolade-Pfefferminz-Masse rühren. Diese Masse dann zum restlichen Eischnee geben und vorsichtig unterheben, bis keine weißen Flocken mehr sichtbar sind.

3 Die Schoko-Mint-Mousse in Dessertschalen füllen und kalt stellen.

4 Zum Servieren die Schoko-Mint-Mousse mit Erdbeeren und Minzeblättchen garnieren und mit Puderzucker bestäuben. Eventuell noch 2 Schokolade-Pfefferminz-Täfelchen dazu reichen.

Mokka-Schoko-Dessert

50 ml Milch
2 TL Instant-Kaffee
500 g Quark
100 g klein gehackte Rosinen
80 g Zucker
8 TL Instant-Kakaopulver
1/2 Fläschchen Rum-Aroma

Für 4 Personen ■ Zubereitungszeit: ca. 10 Min. ■ von Sylvia Kümmel
Pro Portion: 280 kcal ■ 3 g Fett ■ 20,5 g KH ■ 9,5 % kcal aus Fett

1 Die Milch in einem kleinen Topf erwärmen, den Instant-Kaffee dann auflösen. Die Kaffeemilch mit einem Schneebesen unter den Quark rühren.

2 Die klein geschnittenen Rosinen, den Zucker und das Kakaopulver einrühren. Das Mokka-Schoko-Dessert mit dem Rum-Aroma abschmecken.

ZUTATEN ▸ ZUBEREITUNG

Schwarzwälder Kirschbecher

500 g Süßkirschen aus dem Glas
1 Päckchen Schokoladenpudding
500 ml Milch
120 g Zucker
75 g geriebene Bitterschokolade
500 g Quark
1 Päckchen Bourbon-Vanillezucker
100 g Sahne
4 schöne Kirschen

Für 4 Personen ■ Zubereitungszeit: ca. 30 Min. ■ Kühlzeit: ca. 3 Std.
Pro Person: 635 kcal ■ 15,9 g Fett ■ 96,4 g KH ■ 22,53 % kcal aus Fett

1 Die Süßkirschen in einem Sieb abtropfen lassen, den Saft auffangen.

2 Den Schoko-Pudding mit der Milch und 2 Esslöffel Zucker nach Packungsanweisung herstellen und in dekorative Gläser verteilen. Darauf die Kirschen setzen.

3 Den Quark mit etwas Kirschsaft verrühren, den Vanillezucker dazugeben und die Quarkmischung auf die Kirschen gießen. Die Gläser für ca. 3 Stunden kalt stellen.

4 Vor dem Servieren die Sahne steif schlagen und auf jeden Becher spritzen. Mit der geriebenen Bitterschokolade überstreuen und ganz obenauf eine frische Kirsche setzen.

Omis Obstsalat

Für 4 Personen ▪ Zubereitungszeit: ca. 30 Min. ▪ Kühlzeit: ca. 4 Std.
Pro Person: 411 kcal ▪ 13 g Fett ▪ 75 g KH ▪ 28,48 % kcal aus Fett

300 g Äpfel
5 große Orangen
150 g getrocknete Feigen
2 große Bananen
40 g Zucker
75 g Walnusskerne

1 Die Äpfel schälen, entkernen und in mundgerechte Würfel schneiden. Die Orangen schälen, filetieren, den Saft auffangen. Die getrockneten Feigen in acht etwa gleich große Stücke schneiden. Die Bananen schälen und in Scheibchen schneiden.

2 Das klein geschnittene Obst in eine Schüssel geben, den Zucker und die Nüsse dazugeben und alle Zutaten miteinander vermengen. Der Obstsalat sollte im Kühlschrank etwa 4 Stunden durchziehen.

TIPP Dieser Obstsalat ist nahezu klassisch und war der absolute Hit unserer Kindertage. Damals gab es ihn wegen seiner Zutaten ausschließlich in der Winterzeit. Heute bekommt man die Zutaten das ganze Jahr über, wobei man sagen muss: Im Sommer schmecken andere Rezepte, wie zum Beispiel frische Erdbeeren, irgendwie besser!

Melonen-Heidelbeer-Salat

Für 4 Personen ▪ Zubereitungszeit: ca. 20 Min. ▪ Kühlzeit: ca. 1 Std.
Pro Person: 152 kcal ▪ 0,5 g Fett ▪ 31,8 g KH ▪ 3,1 % kcal aus Fett

300 g Wassermelone
300 g Honigmelone
200 g Heidelbeeren
30 g Zucker
2 Päckchen Bourbon-Vanillezucker
100 ml fruchtiger Weißwein

1 Die Wassermelone schälen und in mundgerechte Dreiecke schneiden. Das Fruchtfleisch der Honigmelone mit einem Kugelstecher in kleine Kugeln teilen. Die Heidelbeeren verlesen, abwaschen und abtropfen lassen.

2 Das Obst in einer Schüssel mit dem Zucker, dem Vanillezucker und dem Weißwein vermengen und vor dem Servieren ca. 1 Stunde kalt stellen.

TIPP Alkohol hat zwar kein Fett, blockiert aber den Fettabbau in der Leber. Für die Nährwertangaben haben wir deshalb die Gramm Alkohol der Einfachheit halber wie Gramm Fett gerechnet.

ZUTATEN ▶ ZUBEREITUNG

Himbeertimbale

300 g Himbeeren
100 g Zucker
1 Prise Salz
6 Blatt Gelatine
500 g Dickmilch (3,5 % Fett)
4 EL Zitronensaft
etwas Amaretto nach Belieben
1 Päckchen Vanillinzucker

Für 4 Personen ▪ Zubereitungszeit: ca. 25 Min. ▪ Kühlzeit: ca. 3 Std.
Pro Person: 265 kcal ▪ 4,5 g Fett ▪ 40 g KH ▪ 15 % kcal aus Fett

1 Von den Himbeeren 8 Früchte zurückbehalten, die restlichen Früchte pürieren. Zucker und Salz zugeben und in einem Topf heiß werden lassen.

2 Die Gelatine nach Packungsanweisung einweichen und im heißen Früchtepüree auflösen.

3 Die Hälfte der Dickmilch, den Zitronensaft und nach Belieben den Amaretto hinzufügen und unterrühren. Die Masse in Förmchen verteilen und ca. 3 Stunden im Kühlschrank fest werden lassen.

4 Für die Sauce die restliche Dickmilch mit dem Vanillinzucker verrühren. Zum Servieren die Förmchen kurz in heißes Wasser tauchen und auf einen Teller stürzen. Mit der Dickmilchsauce und den Himbeeren garniert servieren.

Apfel-Quark-Gratin

300 g Äpfel
Saft von 1 Zitrone
3 Eier
1 Prise Salz
50 g Zucker
1 Päckchen Vanillinzucker
500 g Quark
2 EL Mehl

Für 4 Personen ▪ Zubereitungszeit: ca. 15 Min. ▪ Backzeit: ca. 30 Min.
Pro Person: 278 kcal ▪ 6 g Fett ▪ 28 g KH ▪ 19 % kcal aus Fett

1 Die Äpfel waschen, schälen, in Schnitze schneiden und mit der Hälfte des Zitronensaftes beträufeln. Den Backofen auf 220 °C vorheizen.

2 Die Eier mit Salz und 3 Esslöffel heißem Wasser schaumig rühren, den Zucker einrieseln lassen und weiter schaumig schlagen. Den restlichen Zitronensaft und den Vanillinzucker dazugeben, den Quark und das Mehl unterziehen.

3 Die Quarkmasse in eine Auflaufform geben und die Apfelschnitze darauf verteilen. Das Gratin ca. 30 Minuten backen.

TIPP Das Apfel-Quark-Gratin schmeckt auch mit Fruchteis sehr lecker.

ZUTATEN ▶ ZUBEREITUNG

Bananenshake

1 große Banane (ca. 120 g)
250 ml Milch
20 g Zucker

Für 1 Person ▪ Zubereitungszeit: ca. 5 Min.
Pro Person: 306 kcal ▪ 4 g Fett ▪ 58 g KH ▪ 11,76 % kcal aus Fett

1 Die Banane schälen und mit einer Gabel zerdrücken.

2 Sofort zur Milch geben, den Zucker dazugeben und alles mit dem Pürierstab aufschäumen.

TIPP So wird der Shake zur Zwischenmahlzeit: Durch die Zugabe von 1 Esslöffel Quark, der ebenfalls mitgemixt werden sollte, und 2 bis 3 Esslöffel Schmelzflocken, gekochtem Reis oder gekochten Nudeln wird der Shake zur Zwischenmahlzeit, die satt macht, aber nicht träge und noch dazu gesund ist!

Shakes kennen Sie sicher aus Ihrer Eisdiele … abgesehen davon gibt es sie beim Fastfood-Profi und in nahezu allen amerikanischen Teenager-Filmen. Die Idee Milch und Früchte zu mixen ist gar nicht schlecht, aber Vorsicht: Viele Früchte, vor allem Beeren, lassen die Milch sofort gerinnen. Steinobst würde Ihnen dicke Bauchschmerzen verursachen und Birnen, Äpfel oder »Exoten« sind kein richtiges Geschmackserlebnis im Shake. Viele Shakes (gerade Banane!) schmecken auch lecker zu unseren süßen Brotsorten, zu Aufläufen oder Strudeln.

ZUBEREITUNG ◀ ZUTATEN

Schoko-Hafer-Shake

Für 1 Person ■ Zubereitungszeit: ca. 5 Min.
Pro Person: 483 kcal ■ 8,25 g Fett ■ 75 g KH ■ 15,37 % kcal aus Fett

1 geh. EL Instant-Kakaopulver
250 ml Milch
50 g zarte Haferflocken
30 g Zucker

1 Den Kakao in der Milch mit dem Mixer komplett auflösen.
2 Den Zucker dazugeben und ebenfalls auflösen. Danach die Schmelzflocken untermengen.

TIPP Das Auge isst mit! 1 Banane in Scheibchen obenauf, eine Hand voll Maisflocken, ein paar Schoko-Reis-Crispies … und schon sieht so ein Shake richtig professionell aus.

Kaffeeshake

Für 1 Person ■ Zubereitungszeit: ca. 5 Min.
Pro Person: 122,5 kcal ■ 3,75 g Fett ■ 1 g KH ■ 11,75 % kcal aus Fett

2 EL löslicher Pulverkaffee
1 Spritzer Süßstoff
250 ml Milch

1 Den löslichen Kaffee mit 50 Milliliter kochendem Wasser überbrühen und den Süßstoff zugeben.
2 Etwas abkühlen lassen. Dann die Milch zugeben und mit dem Pürierstab aufschäumen.

TIPP Probieren Sie den Kaffeeshake einmal zu Cornflakes oder ungesüßten Maisflocken aus! Es lohnt sich …

ZUTATEN ▶ ZUBEREITUNG

Himbeerpüree

500 g TK-Himbeeren
100 g Zucker

Für 4 Personen ■ Zubereitungszeit: ca. 2 Min.
Pro Person: 141 kcal ■ 0,5 g Fett ■ 31 g KH ■ 2,4 % kcal aus Fett

1 Die Himbeeren auftauen. Den Zucker dazugeben und alles mit einem Pürierstab vermengen. Sofort servieren.

2 Wenn es schnell gehen soll, einfach die Himbeeren in einem Topf erhitzen, mit Zucker pürieren und auch heiß servieren!

Mangosauce

400 g Mango
200 g rote Johannisbeeren
20 g abgeriebene Schale einer unbehandelten Orange
50 g Zucker
1 TL Speisestärke

Für 4 Personen ■ Zubereitungszeit: ca. 20 Min.
Pro Person: 130 kcal ■ 0,5 g Fett ■ 28,8 g KH ■ 4,2 % kcal aus Fett

1 Die Mango schälen, das Fruchtfleisch vom Kern schneiden und pürieren. Die roten Johannisbeeren putzen und waschen, pürieren und durch ein Sieb streichen oder passieren.

2 Beide Fruchtcremes vermischen, mit der abgeriebenen Orangenschale und dem Zucker vermischen und in einem gusseisernen Topf erhitzen.

3 Die Speisestärke mit Wasser vermengen. Sobald die Fruchtmasse kocht, die Stärke unter ständigem Rühren unterziehen und noch einmal aufkochen lassen, bis die Masse eindickt. Warm oder kalt servieren.

TIPP Schmeckt lecker zu Milchreis, aber auch als »Topping« über eine Scheibe Apfelbrot (Rezept siehe S. 100) mit Quark.

Vanillesauce

1 Vanilleschote
500 ml Milch
3 Päckchen Bourbon-Vanillezucker
30 g Speisestärke

Für 4 Personen ▪ Zubereitungszeit: ca. 30 Min.
Pro Person: 111,5 kcal ▪ 1,9 g Fett ▪ 19,8 g KH ▪ 15,13 % kcal aus Fett

---

1 Die Vanilleschote der Länge nach aufschneiden, das Mark mit einem Messer herauskratzen und zur Milch geben. Die ausgekratzte Vanilleschote ebenfalls in die Milch geben. Den Vanillezucker dazugeben und die Milch vorsichtig zum Kochen bringen.

2 Die Speisestärke mit etwas kaltem Wasser anrühren. Die Vanilleschote aus der Milch fischen. Sobald die Milch kocht, die Stärke zur Milch geben und kräftig durchrühren.

3 Unter ständigem Rühren noch einmal aufkochen und in einen Krug gießen. Sofort servieren.

Papayasauce

1 große reife Papaya (etwa 400 g Fruchtfleisch)
50 g Akazienhonig
1 große Kiwi

Für 4 Personen ▪ Zubereitungszeit: ca. 15 Min.
Pro Person: 84 kcal ▪ 0,25 g Fett ▪ 19,25 g KH ▪ 2,5 % kcal aus Fett

---

1 Die Papaya schälen und das Fruchtfleisch pürieren.

2 Den Akazienhonig mit 50 Milliliter Wasser verrühren und erwärmen, damit sich der Honig vollständig löst. Zu dem Fruchtpüree geben.

3 Die Kiwi schälen und das holzige Ende entfernen. Das Fruchtfleisch erst in Scheiben und diese in kleine Würfel schneiden. Die Kiwiwürfelchen zum Schluss mit einem Löffel vorsichtig unter die Papayasauce heben.

Kiwi-Maracuja-Sauce

Für 4 Personen ■ Zubereitungszeit: ca. 15 Min.
Pro Person: 133 kcal ■ 0,36 g Fett ■ 27 g KH ■ 2,45 % kcal aus Fett

4 Kiwis
8 Maracujas
60 g Zucker

1 Die Kiwis schälen, das holzige Ende entfernen und das Fruchtfleisch in kleine Würfel schneiden.
2 Die Maracujas jeweils teilen und den Inhalt in ein grobes Sieb löffeln. Das Fruchtfleisch vorsichtig durch das Sieb streichen.
3 Die beiden Obstsorten vermengen und mit dem Zucker süßen.

TIPP Die Kiwi-Maracuja-Sauce passt aufgrund ihrer leichten Säure hervorragend zu Pfannenkuchen, Kaiserschmarrn oder Milchreis. Wenn Sie sie zu Eis oder Sorbet nehmen wollen, empfiehlt es sich, 2 Esslöffel süße Sahne dazuzugeben. Dadurch verliert die Sauce etwas von ihrer Säure.

Erdbeersauce »Caribic«

Für 4 Personen ■ Zubereitungszeit: ca. 10 Min.
Pro Person: 71 kcal ■ 1 g Fett ■ 13 g KH ■ 6,5 % kcal aus Fett

200 g Erdbeeren
1 Mango
100 ml Orangensaft
4 EL Limettensaft

1 Die Erdbeeren waschen, putzen und klein schneiden.
2 Die Mango schälen, das Fruchtfleisch vom Kern schneiden und grob würfeln.
3 Die Früchte mit dem Pürierstab zu einer Sauce mixen. Den Orangen- und Limettensaft unterrühren und die Sauce bis zur Verwendung kalt stellen.

Kuchen und Torten

Erdbeertorte

Für den Boden

1 Grundrezept Biskuitboden für Obstkuchen (siehe S. 68)

Für die Füllung

500 g Erdbeeren
2 Päckchen Gelatine
250 g Joghurt
250 g Quark
100 g Zucker
2 Eiweiß

Für 12 Stück ▪ Zubereitungszeit: ca. 1 Std. ▪ Backzeit: ca. 30 Min. ▪ Kühlzeit: ca. 8 Std.
Pro Stück: 83 kcal ▪ 0,6 g Fett ▪ 11,5 g KH ▪ 6,1 % kcal aus Fett

1 Nach dem Grundrezept einen runden Biskuitboden backen.
2 Die Erdbeeren putzen, waschen, pürieren und mit der Gelatine verrühren. In einem Topf mit dickem Boden langsam erwärmen, bis sich die Gelatine aufgelöst hat.
3 Joghurt, Quark und Zucker verrühren; der Zucker muss sich vollständig auflösen. Die noch warme Erdbeermasse hinzugeben und alles verrühren. Für 30 Minuten in den Kühlschrank stellen.
4 Die Eiweiße steif schlagen. Unter die Erdbeermasse heben. Den Biskuitboden in eine Springform legen und die Erdbeercreme darauf gießen. Die Torte 8 Stunden kalt stellen.

Erdbeerkuchen

Für den Boden

1 Grundrezept Biskuitboden für Obstkuchen (siehe S. 68)

Für die Füllung

1 kg Erdbeeren
2 Päckchen Tortenguss hell
Zucker nach Tortengussrezept
1 Päckchen Vanillepudding
2 EL Zucker
500 ml Milch

Für 12 Stück ▪ Zubereitungszeit: ca. 45 Min. ▪ Backzeit: ca. 30 Min. ▪ Kühlzeit: ca. 4 Std.
Pro Stück: 65 kcal ▪ 1 g Fett ▪ 11 g KH ▪ 13,3 % kcal aus Fett

1 Nach dem Grundrezept einen runden Biskuitboden backen.
2 Die Erdbeeren waschen und putzen.
3 Den Boden in die Springform legen. Den Pudding nach Packungsanweisung kochen und auf dem Tortenboden verteilen.
4 Beginnend mit den kleinen, die Erdbeeren gleichmäßig auf dem Kuchen verteilen und zur Mitte hin immer größere Erdbeeren aufhäufeln, sodass in der Mitte ein Hügel entsteht. Ganz oben die schönste Erdbeere platzieren.
5 Den Tortenguss nach Packungsanweisung herstellen und von der Mitte löffelweise über die Erdbeeren verteilen. Den Kuchen mindestens 4 Stunden kalt stellen.
6 Vor dem Servieren vorsichtig den Rand mit einem scharfen Messer ablösen, dann die Torte aus der Form heben.

TIPP Eine fettarme Variante zu Schlagsahne: 100 Gramm Quark mit 4 Esslöffel Wasser und 2 Esslöffel Zucker verrühren. 1 steif geschlagenes Eiweiß unterheben.

ZUTATEN ▸ ZUBEREITUNG

Pfirsichkuchen für Überraschungsgäste

1 Dose Pfirsiche
15 Löffelbiskuits
1 Päckchen Vanillepudding
500 ml Milch
90 g Zucker
1 Packung Tortenguss hell

Für 12 Stück ▪ Zubereitungszeit: ca. 20 Min. ▪ Kühlzeit: ca. 1 Std.
Pro Stück: 122,5 kcal ▪ 0,7 g Fett ▪ 25 g KH ▪ 4,9 % kcal aus Fett

1 Den Boden einer Springform mit Backpapier auslegen und diesen in der Form einspannen.

2 Die Pfirsiche abtropfen lassen, den Saft dabei auffangen. Die Löffelbiskuits kurz in den Pfirsichsaft stippen und dicht bei dicht, »nasse« Seite nach oben, in der Form verteilen. Ruhig ein bisschen quetschen, damit der Boden fest wird.

3 Den Pudding nach Packungsanweisung herstellen und auf dem Kuchenboden verteilen. Die Pfirsiche, von der Mitte aus beginnend, auf dem Kuchen verteilen.

4 Den Tortenguss nach Packungsanweisung herstellen und die Torte damit übergießen. Mindestens 1 Stunde in den Kühlschrank stellen.

Kirsch-Schoko-Kuchen

2 Eier
125 g Zucker
100 g geriebene Bitterschokolade
1 gehäufter EL Kakaopulver
90 g Buchweizenmehl
60 g Mehl
1 TL Backpulver
1/2 TL Natron
500 g Süßkirschen (aus dem Glas; abgetropft)
1 TL gemahlener Zimt
150 g Joghurt

Für 20 Stück ▪ Zubereitungszeit: ca. 20 Min. ▪ Backzeit: ca. 20 Min.
Pro Stück: 115 kcal ▪ 2,6 g Fett ▪ 20,2 g KH ▪ 20,28 % kcal aus Fett

1 Ein Kuchenblech mit Backpapier auslegen. Den Backofen auf 180 °C vorheizen. Die Eier trennen und die Eiweiße steif schlagen. Die Eigelbe mit dem Zucker schaumig rühren.

2 Nach und nach Bitterschokolade, Kakaopulver, die beiden Mehlsorten und den Zimt dazugeben. Zum Schluss den Eischnee unterheben, sodass keine weißen Flöckchen mehr zu sehen sind.

3 Den Teig auf dem Backpapier gleichmäßig verteilen und die Kirschen gleichmäßig auf den Teig setzen. Den Kuchen etwa 20 Minuten backen, dann abkühlen lassen. Vor dem Servieren in Rauten schneiden.

TIPP Wer es gerne süß mag: Eine dicke Schicht Puderzucker macht sich optisch gut! Den Kuchen aber erst überzuckern, wenn er kalt ist!

Apfel-Walnuss-Kuchen

Für 12 Stück ■ Zubereitungszeit: ca. 35 Min. ■ Backzeit: ca. 1 Std. ■ Wartezeit: ca. 3 Std.
Pro Portion: 388 kcal ■ 10,5 g Fett ■ 64,2 g KH ■ 24,3 % kcal aus Fett

2 mittelgroße, säuerliche Äpfel, z. B. Braeburn
3 Eier
400 g Zucker
420 g Mehl
1/2 TL Backpulver
1/2 TL gemahlener Zimt
1/2 TL geriebene Muskatnuss
1 TL Salz
100 g Halbfettmargarine
180 g Joghurt
1 Päckchen Bourbon-Vanillezucker
100 g gehackte Walnüsse
110 g Puderzucker
2 EL Milch

1 Den Ofen auf 150 °C vorheizen. Eine Springform mit Backpapier auslegen.
2 Die Äpfel schälen, das Kerngehäuse entfernen und die Apfelstücke auf einem Gemüsehobel grob raspeln.
3 Die Eier trennen und die Eiweiße steif schlagen. Die Eigelbe mit dem Zucker schaumig rühren.
4 Nach und nach die anderen Zutaten bis auf Puderzucker und Milch dazugeben und alles mit dem Schneebesen des Handrührgerätes zu einem glatten Teig vermengen. Zum Schluss den Eischnee vollständig unterheben, sodass keine weißen Flöckchen mehr zu sehen sind. Den Teig in die Springform gießen und ca. 1 Stunde backen.
5 Nach dem Erkalten den Kuchen aus der Springform lösen und den Puderzucker mit der Milch verrühren. Mit diesem Guss den Kuchen bestreichen und trocknen lassen.

TIPP Sie können den Guss auch mit Zitronen- oder Orangensaft anrühren, das schmeckt etwas erfrischender.

Käsekuchen ohne Boden

Für 12 Stück ■ Zubereitungszeit: ca. 30 Min. ■ Backzeit: ca. 1 Std. 45 Min.
Pro Stück: 167 kcal ■ 4,6 g Fett ■ 17,9 g KH ■ 24,76 % kcal aus Fett

3 Eier
100 g Zucker
750 g Cremequark
1 Päckchen Vanillepudding
3 EL Grieß
1 Päckchen Citroback
70 g Rosinen (in 1 Fläschchen Rum-Aroma mit etwas Wasser einweichen)

1 Den Boden einer Springform mit Backpapier auslegen. Den Backofen auf 140 °C vorheizen. Die Eier trennen und die Eiweiße steif schlagen. Die Eigelbe mit dem Zucker schaumig schlagen, bis sich der Zucker restlos aufgelöst hat.
2 Quark, Puddingpulver, Grieß und Citroback dazurühren. Den Eischnee unterheben, die abgetropften Rosinen dazugeben und die Masse in die Springform gießen. Den Kuchen 1 Stunde und 45 Minuten backen.

ZUTATEN ▶ ZUBEREITUNG

Mondgesicht

Für 12 Stück ▪ Zubereitungszeit: ca. 30 Min. ▪ Kühlzeit: ca. 2 Std.
Pro Stück: 163 kcal ▪ 1 g Fett ▪ 27,2 g KH ▪ 5,51 % kcal aus Fett

Für den Boden

1 Grundrezept Biskuitboden für Obstkuchen (siehe S. 68)

Für den Belag

1 Päckchen Vanillepudding
500 ml Milch
50 g Zucker
frisches Obst der Saison oder aus der Dose
2 Päckchen Tortenguss hell

1 Nach dem Grundrezept einen runden Biskuitboden in einer Obstkuchenform mit gewelltem Rand backen.

2 Für die Füllung den Vanillepudding mit der Milch und 30 Gramm Zucker nach Packungsanweisung zubereiten und auf den Tortenboden gießen.

3 Das Obst putzen und waschen beziehungsweise abtropfen lassen. Aus den verschiedenen Sorten ein Gesicht legen.

4 Zum Schluss den Tortenguss nach Packungsanweisung herstellen und über dem »Mondgesicht« verteilen. Den Kuchen ca. 2 Stunden kalt stellen.

TIPP Das »Mondgesicht« macht weniger Arbeit als man denkt und ist der Liebling aller kleinen und großen Kinder. Es kann mit allen möglichen Obstsorten belegt werden – Hauptsache bunt!

Kokosnusstraum

Für 12 Stück ▪ Zubereitungszeit: ca. 45 Min. ▪ Backzeit: ca. 50 Min. ▪ Ruhezeit: ca. 1 Std.
Pro Stück: 280 kcal ▪ 6,1 g Fett ▪ 52 g KH ▪ 19,6 % kcal aus Fett

Für die Streusel

1 EL Zucker
1/2 TL Citroback
1 EL gehackte Mandeln
1 EL Kokosraspel

Für den Teig

3 Eier
320 g Zucker
180 ml Buttermilch
130 g Joghurt
1 Päckchen Bourbon-Vanillezucker
280 g Mehl
2 TL Backpulver
1/2 TL Natron
1/4 TL Salz

Für die Glasur

2 EL Puderzucker
50 g Sahne
30 g Kokosraspel

1 Die Zutaten für die Streusel in einer Schüssel verrühren. Den Backofen auf 180 °C vorheizen. Eine Springform mit Backpapier auslegen.

2 Für den Teig die Eier trennen und die Eiweiße steif schlagen. Den Zucker mit den Eigelben schaumig rühren. Buttermilch, Joghurt und Vanillezucker hinzufügen.

3 Die restlichen Zutaten nacheinander dazugeben und alles mit dem Schneebesen des Handrührgerätes gut miteinander verrühren. Am Schluss den Eischnee unterheben und den Teig in die Springform gießen.

4 Falls nötig, den Teig etwas glatt streichen und die vorbereiteten Streusel darüber krümeln. Den Kuchen auf der mittleren Schiene ca. 50 Minuten backen.

5 Für die Glasur den Puderzucker in ein Schüsselchen sieben. Die Sahne dazugeben und alles zu einer leichten, cremigen Masse schlagen. Den Kuchen damit nach dem Abkühlen bestreichen, zum Schluss die Kokosraspel darüber streuen.

TIPP Statt Sahne können Sie für die Glasur auch Kokosmilch aus der Dose nehmen.

ZUTATEN ▶ ZUBEREITUNG

Hefeteig (Grundrezept)

500 g Weizenmehl (Type 405)
25 g frische Hefe
80 g Zucker
250 ml lauwarme Milch
100 g Joghurt
1 Päckchen Bourbon-Vanillezucker
etwas Butter-Vanille-Aroma
Salz

Für 1 Blech ▪ Zubereitungszeit: ca. 20 Min. ▪ Ruhezeit: ca. 1 Std. 30 Min.
Insgesamt: 2214 kcal ▪ 11 g Fett ▪ 461 g KH ▪ 4,3% kcal aus Fett

1 In eine Schüssel 100 Gramm Mehl geben und die Hefe darüber bröckeln. 80 Gramm Zucker und die warme Milch dazugeben und alles zu einem Vorteig verrühren. Zugedeckt 30 Minuten an einem warmen Ort stehen lassen.

2 Den Vorteig mit dem restlichen Mehl, dem Joghurt, dem Bourbon-Vanillezucker, etwas Butter-Vanille-Aroma und etwas Salz zu einem Teig verkneten, zudecken, an einen warmen Ort stellen und 1 Stunde gehen lassen.

3 Den Boden eines Backbleches großzügig mit Backpapier auslegen, den fertigen Teig dann mit etwas Mehl zu einer nicht mehr klebrigen Kugel formen, flechten oder ausrollen und auf das Backpapier legen.

TIPP Sie können bei diesem Grundrezept bis zu 100 Gramm Butter dazugeben, für den Fall, dass Sie einen Butterzopf, elsässischen Gugelhupf oder eine Brioche machen wollen. Dann aber darauf achten, dass Sie wirklich nur so viel davon essen, dass Sie satt sind, und erst wieder davon essen, wenn Sie hungrig sind. Sonst belasten Sie Ihr Fettkonto unnötig.

Kirschkuchen mit Sauerrahm

Für den Boden

1 Grundrezept Hefeteig (siehe oben)

Für den Belag

1 unbehandelte Zitrone
1,5 kg Süßkirschen
140 g Zucker
3 Eier
375 g saure Sahne
1 EL Puderzucker

Für 20 Stück ▪ Zubereitungszeit: ca. 1 Std. ▪ Ruhezeit: ca. 2 Std.
Pro Stück: 256 kcal ▪ 5 g Fett ▪ 44,6 g KH ▪ 17,5 % kcal aus Fett

1 Den Hefeteig entsprechend dem Grundrezept zubereiten. Ein Backblech mit Backpapier auslegen. Den Backofen auf 200 °C vorheizen.

2 Die Zitrone heiß waschen, trockentupfen und die Schale dünn abreiben. Die Zitrone halbieren und auspressen. Die Kirschen abbrausen, entstielen, entsteinen und mit 100 Gramm Zucker, Zitronenschale und -saft mischen.

3 Die Kirschen auf dem Teig verteilen, den Kuchen ca. 20 Minuten bei 200 °C backen.

4 Eier mit saurer Sahne und restlichem Zucker verquirlen, auf die Kirschen streichen. Den Kuchen weitere 20 Minuten backen.

5 Vor dem Servieren mit Puderzucker bestäuben.

TIPP Den Kuchen können Sie auch mit Kirschen aus dem Glas zubereiten.

Zwetschgendatschi

500 g Mehl
25 g frische Hefe
200 g Zucker
200 ml lauwarme Milch
2,5 kg Zwetschgen
1-2 EL gemahlener Zimt

Für 20 Stück ▪ Zubereitungszeit: ca. 1 Std. ▪ Backzeit: ca. 45 Min. ▪ Ruhezeit: ca. 1 Std.
Pro Stück: 204 kcal ▪ 0,7 g Fett ▪ 47,6 g KH ▪ 2,87 % kcal aus Fett

1 In einer Schüssel 200 Gramm Mehl mit der zerbröselten Hefe, 30 Gramm Zucker und der Milch zu einem flüssigen Teig verrühren. Zugedeckt an einem warmen Ort 30 Minuten gehen lassen.

2 Die Zwetschgen waschen und so entkernen, dass die beiden Hälften an einer Seite noch zusammenhängen. Die Hälften jeweils nochmals in der Mitte einschneiden.

3 Wenn der Teig gegangen ist, das restliche Mehl hinzufügen und kräftig durchkneten. Zugedeckt nochmals 30 Minuten gehen lassen.

4 Den Backofen auf 150 °C vorheizen. Den Teig auf ein mit Backpapier ausgelegtes Backblech stürzen und eine Hand voll Mehl darüber streuen, damit er nicht klebt. Den Teig mit den Fingern gleichmäßig auf dem Blech verteilen.

5 Die Zwetschgen nebeneinander in den Teig setzen. Den Datschi auf der mittleren Schiene ca. 45 Minuten backen. Nach dem Backen den Kuchen noch warm mit dem restlichen Zucker und dem Zimt überstreuen.

TIPP Dazu passt Schlagsahne: Mit 1 Esslöffel Schlagsahne pro Stück ist der Zwetschgendatschi noch LOW FETT 30. Lecker ist auch mit etwas Wasser verdünnter Vanillequark (0,2 % Fett), eine kalte Vanillesauce oder Vanillesofteis.

Zuckerkuchen

Für den Boden
1 Grundrezept Hefeteig (siehe linke Seite)

Für den Belag
200 g Zucker
1 Päckchen Bourbon-Vanillezucker
1 Fläschchen Butter-Vanille-Aroma
1 Prise Salz
200 g Cornflakes
50 g grob geschrotetes Vollkornmehl
Apfelsaft

Für 20 Stück ▪ Zubereitungszeit: ca. 20 Min. ▪ Ruhezeit: ca. 1 Std. 30 Min. ▪
Backzeit: ca. 45 Min.
Pro Stück: 195,6 kcal ▪ 0,65 g Fett ▪ 43 g KH ▪ 2,9 % kcal aus Fett

1 Den Hefeteig entsprechend dem Grundrezept zubereiten. Ein Backblech mit Backpapier auslegen. Den Backofen auf 170 °C vorheizen.

2 Den fertigen Teig mit etwas Mehl zu einer nicht mehr klebrigen Kugel formen und auf dem Blech verteilen.

3 Den Zucker mit Vanillezucker, Butter-Vanille-Aroma, Salz, Cornflakes und Vollkornmehl verrühren und über den Hefeteig krümeln. Etwas Apfelsaft mit einer Sprühflasche gleichmäßig über den Belag sprühen.

4 Den Kuchen auf der mittleren Schiene 45 Minuten backen.

TIPP Rühren Sie 200 Gramm Rosinen oder anderes Trockenobst, das Sie vorher in etwas Wasser einweichen, am Schluss unter den Hefeteig.

ZUTATEN ▶ ZUBEREITUNG

Hefezopf

Für den Boden

1 Grundrezept Hefeteig (siehe S. 56)

2 Eier

Außerdem

1 Eigelb

1 EL Milch

80 g Mandelsplitter

80 g Sultaninen

Für 30 Scheiben ■ Zubereitungszeit: ca. 30 Min. ■ Ruhezeit: ca. 1 Std. 30 Min. ■ Backzeit: ca. 50 Min.
Pro Scheibe: 104,6 kcal ■ 2,43 g Fett ■ 17,2 g KH ■ 20,9 % kcal aus Fett

1 Den Hefeteig entsprechend dem Grundrezept zubereiten, dabei mit dem Joghurt die 2 Eier untermischen. Ein Backblech mit Backpapier auslegen. Den Backofen auf 170 °C vorheizen.

2 Den Teig in drei gleich große Stücke schneiden und mit etwas Mehl zu Strängen formen. Die Stränge nebeneinander auf das Blech legen und einen Zopf daraus flechten.

3 Zum Schluss das Eigelb mit der Milch verquirlen. Den Zopf damit bestreichen und im Backofen in 50 Minuten goldgelb backen.

4 10 Minuten vor Backzeitende den Zopf nochmals mit der Eigelbmischung bestreichen und mit den Mandelsplittern und den Sultaninen gleichmäßig bestreuen. Den fertigen Zopf herausnehmen und abkühlen lassen.

Marzipan-Hefekranz

500 g Mehl

42 g frische Hefe

60 g Zucker

250 ml lauwarme Milch

Salz

2 Eigelb

75 g flüssige Halbfettbutter

150 g Marzipanrohmasse

100 ml Kaffeesahne (4 % Fett)

Für 20 Stück ■ Zubereitungszeit: ca. 30 Min. ■ Ruhezeit: ca. 45 Min. ■ Backzeit: ca. 30 Min.
Pro Stück: 165 kcal ■ 4,5 g Fett ■ 22 g KH ■ 24,5 % kcal aus Fett

1 Das Mehl in eine Schüssel sieben, in die Mitte eine Mulde drücken. Die Hefe mit 1 Teelöffel Zucker in der Milch auflösen und in die Mulde gießen. Restlichen Zucker, Salz, 1 Eigelb und die Butter hinzufügen. Alles zu einem Teig verkneten und diesen zugedeckt 25 Minuten gehen lassen.

2 Das Marzipan zerbröckeln, die Sahne hinzufügen und mit dem Schneidstab pürieren. Den Teig kurz durchkneten und dritteln. Jedes Drittel zu einer 50 cm langen Rolle formen und 10 bis 12 cm breit ausrollen.

3 Die Marzipan-Sahne-Füllung auf den drei Stücken verstreichen, diese längs aufrollen und mit den Nähten nach unten nebeneinander auf die Arbeitsfläche legen.

4 Aus den drei Strängen einen lockeren Zopf flechten. Den Zopf zu einem Kranz zusammenlegen, die Enden unterschlagen. Auf einem mit Backpapier belegten Blech 20 Minuten gehen lassen. Den Backofen auf 200 °C vorheizen.

5 Das restliche Eigelb mit 1 Esslöffel Wasser verquirlen, den Kranz damit bestreichen und ca. 30 Minuten backen.

Strudelteig (Grundrezept)

Für 1 großen Strudel ■ Zubereitungszeit: ca. 15 Min. ■ Ruhezeit: ca. 30 Min.
Insgesamt: 1080 kcal ■ 22,6 g Fett ■ 177,66 g KH ■ 18,85 % kcal aus Fett

250 g Mehl
100 ml lauwarmes Wasser
1 Ei
1 Prise Salz
1 EL Öl

1 Alle Zutaten erst mit der Maschine durchkneten und dann von Hand so lange kneten, bis Sie eine feste, elastische Kugel in der Hand halten.

2 In einem Metalltopf etwas Wasser zum Kochen bringen, das Wasser abgießen und auf den Boden des Topfes ein Stück Backpapier legen. Die Teigkugel hineinlegen und zugedeckt 30 Minuten ruhen lassen.

3 Dann die Kugel zügig auf einer glatten Kunststoffplatte ausrollen und auseinander ziehen. Je weniger Mehl sie zum Ausrollen benötigen, um so elastischer bleibt der Teig und um so dünner können Sie ihn verarbeiten.

4 Den fertigen Teig zum Füllen auf einem Küchentuch legen, mit der Füllung belegen und mit Hilfe des Tuches zusammenrollen.

Apfelstrudel

Für etwa 12 Stück ■ Zubereitungszeit: ca. 40 Min. ■ Backzeit: ca. 45 Min. ■ Ruhezeit: ca. 30 Min.
Pro Stück: 285 kcal ■ 7,3 g Fett ■ 46 g KH ■ 23,66 % kcal aus Fett

Für den Teig
1,5-faches Grundrezept Strudelteig (siehe oben)

Für die Füllung
400 g Äpfel
75 g Zucker
20 g Butter
2 TL gemahlener Zimt
100 g Rosinen
50 g Mandelstifte

1 Den Strudelteil entsprechend des Grundrezeptes herstellen und ruhen lassen.

2 Für die Füllung die Äpfel schälen, entkernen und in feine Schnitze schneiden. 1 Esslöffel Zucker beiseite stellen, den Rest mit den Äpfeln mischen.

3 Den Backofen auf 170 °C vorheizen. Den Teig dünn ausrollen; die Butter zerlassen und auf dem Teig verstreichen. Den restlichen Zucker, den Zimt, die Rosinen, die Mandelstifte und zum Schluss die Äpfel darauf verteilen.

4 Den Strudel vorsichtig aufrollen und mit der Nahtseite nach unten auf ein Backblech legen. Den Strudel im Backofen auf der mittleren Schiene etwa 45 Minuten backen.

TIPP Einfacher ist es, wenn Sie aus dem Teig zwei kleine Strudel machen.

Topfenstrudel

Für 8 Personen ■ Zubereitungszeit: ca. 45 Min. ■ Backzeit: ca. 1 Std. 15 Min. ■ Ruhezeit: ca. 30 Min.
Pro Person: 634 kcal ■ 20 g Fett ■ 91,5 g KH ■ 28,95 % kcal aus Fett

1 Den Vanillequark mit dem Puddingpulver, der Milch und dem Grieß gut verrühren.
2 Einen Metallbräter mit der Margarine dünn auspinseln.
3 Zwei Strudelteige nach Rezept herstellen und so dünn wie möglich ausrollen. Mit einer Lage den Boden und die langen Seitenränder der Form abdecken.
4 Vier Suppenkellen Quarkmasse auf dem Boden verteilen, eine Hand voll Rosinen darüber streuen, ebenso ein paar Mandelstifte. Den Backofen auf 170 °C vorheizen.
5 Den zweiten Teig in 2 bis 3 Teigplatten teilen. Eine Platte über die Quarkfüllung legen. Schichtweise nun die Quarkmasse, Rosinen und Mandelstifte sowie die Strudelteigplatten übereinander legen. Mit Quarkmasse aufhören. Die Seitenränder der unteren Teigplatte nach innen klappen und fest drücken. Die Sahne über den Strudel gießen und den Zucker darüber streuen.
6 Den Strudel 1 Stunde 15 Minuten backen. Er soll schön braun werden, aber keinesfalls verbrennen. Wenn der Strudel zu dunkel zu werden droht, einfach mit einem Stück Backpapier abdecken.

TIPP Zum Topfenstrudel passt sehr gut ein Pflaumenkompott. Der Strudel schmeckt übrigens auch kalt.

Für den Teig

2-faches Grundrezept Strudelteig (siehe linke Seite)

Für die Füllung

1 kg Vanillequark
1 Päckchen Vanillepudding
500 ml Milch
3 EL Grieß
10 g Margarine zum Einfetten
100 g Rosinen
30 g Mandelstifte
100 g Zucker
150 g Sahne

Aprikosen-Quark-Strudel

Für 12 Stück ■ Zubereitungszeit: ca. 30 Min. ■ Ruhezeit: ca. 30 Min. ■ Backzeit: ca. 45 Min.
Pro Stück: 249 kcal ■ 4,4 g Fett ■ 39,6 g KH ■ 16 % kcal aus Fett

Für die Füllung
300 g Aprikosen
125 g Zucker
300 g Quark
50 g Grieß
1 Fläschchen Rum-Aroma
1 Päckchen Vanillepudding
20 g Butter

1 Den Strudelteil nach Rezept herstellen und ruhen lassen.

2 Für die Füllung die Aprikosen waschen, entkernen und vierteln. 1 Esslöffel Zucker zurückbehalten, den restlichen Zucker mit dem Quark verrühren. Dann den Grieß, das Rum-Aroma und das Puddingpulver unterrühren und ein bisschen stehen lassen.

3 Die Aprikosenstückchen mit der Quarkmasse mischen. Den Backofen auf 170 °C vorheizen.

4 Den Teig ganz dünn ausrollen, die Butter zerlassen und auf dem Teig verteilen. Die Quark-Aprikosen-Masse gleichmäßig auf den Teig streichen, dabei an einer Seite einen Rand von etwa 2 cm frei lassen.

5 Den Strudel zu dieser Seite hin aufrollen. Ein Backbleck mit Backpapier auslegen und den Strudel mit der Nahtseite nach unten vorsichtig darauf legen. Den Strudel im Backofen auf der mittleren Schiene 45 Minuten backen. Vor dem Servieren etwas abkühlen lassen.

ZUTATEN ▶ ZUBEREITUNG

Salziger Quark-Öl-Teig (Grundrezept)

Für 1 Rezept ■ Zubereitungszeit: ca. 5 Min.
Insgesamt: 1524 kcal ■ 37 g Fett ■ 218 g KH ■ 22 % kcal aus Fett

200 g Quark
1 TL Salz
2 Eier
3 EL Öl
300 g Mehl
1 Päckchen Backpulver

1 Den Quark mit Salz, Eiern und Öl verrühren. Das Mehl mit dem Backpulver über den Quark sieben. Alle Zutaten zuerst mit dem Rührlöffel vermengen, dann mit den Händen rasch zu einem Teig verkneten.

2 Den Quark-Öl-Teig auf einer bemehlten Arbeitsfläche je nach Rezept ausrollen oder formen und füllen.

TIPP Das Gebäck aus Quark-Öl-Teig sollten Sie immer in den vorgeheizten Backofen geben. Kleinere Gebäckstücke werden bei 190 °C 15 bis 20 Minuten, größeres Gebäck wird bei 200 bis 220 °C 35 bis 45 Minuten gebacken.

Süßer Quark-Öl-Teig (Grundrezept)

Für 1 Rezept ■ Zubereitungszeit: ca. 5 Min.
Insgesamt: 1438 kcal ■ 34 g Fett ■ 217 g KH ■ 21,1 % kcal aus Fett

150 g Quark
75 g Zucker
1 Päckchen Vanillinzucker
1 Prise Salz
3 EL Öl
1 EL Milch
300 g Mehl
1 Päckchen Backpulver

1 Quark mit Zucker, Vanille-Zucker, Salz, Öl und Milch verrühren. Mehl mit Backpulver über den Quark sieben, erst mit dem Rührlöffel untermischen, dann mit den Händen rasch zu einem Teig verkneten.

2 Den Quark-Ölteig auf einer bemehlten Arbeitsfläche je nach Rezept ausrollen oder formen und füllen.

3 Das Gebäck immer in den vorgeheizten Backofen geben. Kleingebäck bei 190 °C ca. 15 bis 20 Minuten, größeres Gebäck bei 200 bis 220 °C ca. 35 bis 45 Minuten backen.

TIPP Quark-Öl-Teig ist leichter und lockerer als Mürbeteig.

ZUBEREITUNG ◀ ZUTATEN

Ananaskuchen

Für 20 Stück ▪ Zubereitungszeit: ca. 20 Min. ▪ Backzeit: ca. 45 Min. ▪
von Petra Krammer
Pro Stück: 188 kcal ▪ 3 g Fett ▪ 5 g KH ▪ 14,5 % kcal aus Fett

1 Die Ananasscheiben in einem Sieb gut abtropfen lassen.

2 Die Buttermilch, 150 Gramm Zucker, den Vanillinzucker und das Salz mit den Schneebesen des Handrührgeräts schaumig schlagen.

3 2 Eier nacheinander unterrühren. Das Mehl mit dem Backpulver mischen und vorsichtig unterheben.

4 Ein Backblech (ca. 30 x 40 cm) mit hohem Rand mit Backpapier auslegen. Den Teig mit bemehlten Händen darauf verteilen und mit Paniermehl bestreuen. Den Backofen auf 175 °C vorheizen.

5 Die restlichen beiden Eier und den restlichen Zucker schaumig rühren, die saure Sahne untermischen. Die Masse auf dem Teig verteilen und glatt streichen.

6 Die Ananasscheiben mit Küchenpapier trockentupfen, nebeneinander auf die Masse legen und in die Mitte jeder Scheibe 1 Teelöffel Konfitüre setzen. Den Kuchen im Backofen auf der mittleren Schiene 45 Minuten backen.

2 Dosen Ananas in Scheiben (à 850 ml)
150 ml Buttermilch
200 g Zucker
1 Päckchen Vanillinzucker
1 Prise Salz
4 Eier
400 g Mehl
1/2 Päckchen Backpulver
2 EL Paniermehl
300 g saure Sahne (10 % Fett)
1/2 Glas Waldfruchtkonfitüre

ZUTATEN ▶ ZUBEREITUNG

Marmorkuchen

4 Eier
300 g Zucker
1 Päckchen Vanillezucker
250 g Halbfettmargarine
500 g Mehl
1 Päckchen Backpulver
1 Tropfen Bittermandel-Aroma
200 ml Milch
30 g Kakaopulver

Für 16 Stück ■ Zubereitungszeit: ca. 10 Min. ■ Backzeit: ca. 1 Std.
Pro Stück: 275 kcal ■ 9 g Fett ■ 42,5 g KH ■ 29 % kcal aus Fett

1 Die Eier, den Zucker, den Vanillezucker und die Halbfettmargarine schaumig rühren. Das Mehl mit dem Backpulver mischen und abwechselnd mit der Milch unter den Teig rühren. Das Bittermandel-Aroma zufügen.

2 Gut die Hälfte des Teiges in eine gefettete Napfkuchenform füllen, den restlichen Teig mit dem Kakaopulver zu einem Schokoladenteig verrühren.

3 Den Backofen auf 180 °C vorheizen. Den dunklen Teig auf dem hellen verteilen. Mit einer Gabel spiralförmig durch beide Teigschichten ziehen, sodass ein Marmormuster entsteht.

4 Den Kuchen im vorgeheizten Backofen auf der mittleren Schiene etwa 1 Stunde backen. Stäbchenprobe machen! Den fertigen Kuchen herausnehmen, kurz in der Form ruhen lassen, dann stürzen.

Papageienkuchen

4 Eier
300 g Zucker
1 Päckchen Vanillinzucker
100 g Halbfettmargarine
150 g Joghurt
500 g Mehl
1 Päckchen Backpulver
200 ml Milch
2 EL lösliches Kakaopulver
1/2 Päckchen Vanillepudding
1/2 Päckchen Götterspeise, rot oder grün
1 EL Puderzucker

Für 16 Stück ■ Zubereitungszeit: ca. 10 Min. ■ Backzeit: ca. 1 Std. ■ von Monika Strobel
Pro Stück: 252 kcal ■ 5 g Fett ■ 46 g KH ■ 18 % kcal aus Fett

1 Die Eier mit dem Zucker, dem Vanillinzucker, der Margarine und dem Joghurt schaumig rühren. Das Mehl mit dem Backpulver mischen und abwechselnd mit der Milch unterrühren.

2 Den Teig in drei gleiche Teile teilen. Je einen Teil mit dem Kakaopulver, dem Puddingpulver und der Götterspeise verrühren.

3 Den Backofen auf 180 °C vorheizen. Eine Kastenform mit Backpapier auslegen, den hellen Teig einfüllen, darauf vorsichtig den roten oder grünen und zum Schluss den dunklen Teig streichen.

4 Den Papageienkuchen ca. 1 Stunde backen. Den fertigen Kuchen herausnehmen, abkühlen lassen und vor dem Servieren mit Puderzucker bestreuen.

TIPP Der Papageienkuchen sieht auch in einer Kranzform gebacken sehr dekorativ aus.

ZUTATEN ▶ ZUBEREITUNG

Biskuitteig für Obstkuchen (Grundrezept)

2 Eier
75 g Zucker
1 Päckchen Vanillinzucker
100 g Mehl
1 gehäufter TL Backpulver

Für 1 Obstkuchen ▪ Zubereitungszeit: ca. 10 Min. ▪ Backzeit: ca. 15 Min.
Insgesamt: 857 kcal ▪ 14 g Fett ▪ 158 g KH ▪ 15 % kcal aus Fett

1 Die Eier mit 1 Esslöffel Wasser, Zucker und Vanillinzucker auf höchster Stufe des elektrischen Handrührgeräts schaumig schlagen. Mehl mit Backpulver mischen und bei niedrigster Stufe untermengen.

2 Den Backofen auf 200 °C vorheizen. Einen Springformboden mit Backpapier belegen, den Teig hineinfüllen und glatt streichen. Den Biskuit im Backofen auf der mittleren Schiene etwa 15 bis 20 Minuten backen.

Biskuitteig für Torten (Grundrezept)

4 Eigelb
180 g Zucker
1 Päckchen Vanillinzucker
4 Eiweiß
150 g Mehl
100 g Speisestärke
3 gestrichene TL Backpulver

Für 1 Obstkuchen ▪ Zubereitungszeit: ca. 10 Min. ▪ Backzeit: ca. 25–30 Min.
Insgesamt: 857 kcal ▪ 14 g Fett ▪ 158 g KH ▪ 15 % kcal aus Fett

1 Die Eigelbe mit der Hälfte des Zuckers, dem Vanillinzucker und 3 bis 4 Esslöffel Wasser auf höchster Stufe des elektrischen Handrührgeräts schaumig rühren. Die Eiweiße zu Schnee schlagen, restlichen Zucker einrieseln lassen und ganz steif schlagen.

2 Den Eischnee auf die Eigelbmasse geben, Mehl mit Speisestärke und Backpulver mischen und darüber sieben. Mit einem Schneebesen oder Rührlöffel vorsichtig unterziehen.

3 Den Backofen auf 180 °C vorheizen. Einen Springformboden mit Backpapier belegen, den Teig hineinfüllen und glatt streichen. Den Biskuit im Backofen auf der mittleren Schiene etwa 15 bis 20 Minuten backen.

4 Den fertigen Biskuit herausnehmen und auf einem Kuchengitter gut auskühlen lassen, mindestens 2 Stunden, besser noch über Nacht. Erst dann den Tortenboden zur Weiterverarbeitung in mehrere Schichten zerschneiden.

Petit fours

Für 18 Stück ■ (Foto siehe S. 16/17) ■ Zubereitungszeit: ca. 1 Std. ■
Backzeit: ca. 15–20 Min. ■ Ruhezeit: ca. 1 Std.
Pro Stück: 137 kcal ■ 2,8 g Fett ■ 25,8 g KH ■ 18,3 % kcal aus Fett

2-faches Grundrezept Biskuitteig für Torten (siehe linke Seite)
250 g Aprikosenkonfitüre
200 g Marzipanrohmasse
250 g Puderzucker
Saft von 1 Zitrone

1 Den Biskuit nach Grundrezept zubereiten, backen und abkühlen lassen. Mit einem großen Messer den Boden quer in drei gleichmäßige Lagen schneiden.
2 Jede Biskuitlage auf der Oberseite mit Marmelade bestreichen und die drei Lagen wieder aufeinander setzen. Die Marzipanrohmasse mit etwas Puderzucker dünn ausrollen, die Marzipanschicht auf den Biskuit setzen.
3 Mit einem scharfen, großen Messer den Biskuit in Quadrate oder beliebige andere Formen schneiden und diese auf ein Kuchengitter setzen.
4 Den restlichen Puderzucker sieben und mit der restlichen Aprikosenkonfitüre und, falls nötig, etwas Zitronensaft verrühren. Die Petit fours mit dem Guss von allen Seiten bepinseln und 1 Stunde fest werden lassen. Nach Belieben mit Rosenblättern garnieren.

TIPP Die Aprikosenkonfitüre lässt sich besser verarbeiten, wenn man sie erwärmt und durch ein Sieb streicht.

Kokos-Sahne-Kuchen

Für 12 Stück ■ Zubereitungszeit: ca. 15 Min. ■ Backzeit: ca. 30 Min.
Pro Stück: 281 kcal ■ 6,5 g Fett ■ 48,5 g KH ■ 20 % kcal aus Fett

450 g Mehl
200 g Zucker
1 Päckchen Vanillinzucker
1 Prise Salz
1/2 Päckchen Backpulver
1/2 TL Natron
3 Eier
375 ml Buttermilch
50 g Kokosraspel
250 ml Kaffeesahne (4 % Fett)

1 Eine Springform mit Backpapier auslegen. Den Backofen auf 180 °C vorheizen. Mehl, 150 Gramm Zucker, Vanillinzucker, Salz, Backpulver und Natron mischen.
2 Die Eier trennen. Eigelbe und Buttermilch zu den anderen Zutaten geben und alles mit den Schneebesen des Handrührgeräts zu einem glatten Teig verrühren. Die Eiweiße mit 1 Esslöffel Wasser zu steifem Schnee schlagen und vorsichtig unter den Kokos-Buttermilch-Teig rühren.
3 Den Teig in die Form gießen und glatt streichen. Kokosraspel und restlichen Zucker mischen und auf dem Teig verteilen. Etwa 30 Minuten backen. Kuchen aus dem Ofen nehmen, noch heiß mit der Sahne begießen und abkühlen lassen.

Schneewittchenkuchen

Für 12 Stück ■ Zubereitungszeit: ca. 20 Min. ■ Backzeit: ca. 35 Min.
Pro Stück: 258 kcal ■ 5,5 g Fett ■ 39 g KH ■ 19 % kcal aus Fett

Für den Teig

50 g Halbfettmargarine
100 g Joghurt
150 g Zucker
1 Vanillinzucker
3 Eier, 150 g Mehl
50 g Speisestärke
1 TL Backpulver, 1/2 TL Natron
2 EL Kakaopulver
1 Glas Sauerkirschen

Für den Belag

1 Päckchen Dr. Oetker Paradiescreme Vanille
250 ml Milch, 250 g Quark
1 Vanillezucker
1 Päckchen Tortenguss rot
2 EL Zucker, 250 ml Kirschsaft

1 Margarine, Joghurt, Zucker, Vanillinzucker und Eier schaumig schlagen. Mehl, Speisestärke, Backpulver und Natron mischen, nach und nach unterrühren.

2 Den Backofen auf 180 °C vorheizen. Die Hälfte des Teiges in eine mit Backpapier ausgelegte Springform füllen und glatt streichen. Den restlichen Teig mit dem Kakaopulver verrühren und auf den hellen Teig geben.

3 Die gut abgetropften Sauerkirschen darauf verteilen, 250 ml vom Saft für den Tortenguss aufheben. Den Kuchen ca. 35 Minuten backen.

4 Für den Belag die Paradiescreme mit der Milch verrühren und etwa 3 Minuten mit dem Handrührgerät auf höchster Stufe cremig aufschlagen. Quark und Vanillinzucker unterrühren. Einen Tortenring um den ausgekühlten Kuchen legen und die Creme darauf verteilen.

5 Tortenguss und Zucker in einem kleinen Topf mischen, mit etwas Kirschsaft glatt rühren. Nach und nach den restlichen Saft hinzufügen und unter Rühren einmal aufkochen lassen. Den Guss löffelweise von der Mitte aus auf dem Kuchen verteilen.

Kirsch-Schmand-Kuchen

Für 24 Stück ■ Zubereitungszeit: ca. 30 Min. ■ Backzeit: ca. 40–45 Min. ■
von Simona Kellner
Pro Stück: 232 kcal ■ 6,5 g Fett ■ 37 g KH ■ 25 % kcal aus Fett

Für den Teig

100 g weiche Halbfettbutter
2 Eier
200 g Zucker
2 Päckchen Vanillezucker
1 Prise Salz
300 g Mehl
2 TL Backpulver
150 g Joghurt
3 Eiweiß

Für den Belag

2 Päckchen Vanillepudding
100 g Zucker, 1 l Milch
2 Gläser Sauerkirschen (à 350 g)
750 g saure Sahne
1/2 TL Zimt

1 Die weiche Butter mit den ganzen Eiern, dem Zucker, dem Vanillezucker und Salz schaumig rühren. Das Mehl und das Backpulver mischen, sieben und abwechselnd mit dem Joghurt unterrühren.

2 Die Eiweiße steif schlagen und unterheben. Ein Backblech mit hohem Rand mit Backpapier auslegen und den Teig darauf streichen. Den Backofen auf 200 °C vorheizen.

3 Aus der Milch, dem Vanillepuddingpulver und 40 Gramm Zucker einen Pudding kochen. Den Pudding unter Rühren etwas abkühlen lassen, auf den Teig geben und verstreichen. Die Kirschen gut abtropfen lassen und auf dem Pudding verteilen.

4 Den Kuchen 40 bis 45 Minuten backen. Die saure Sahne mit 60 Gramm Zucker und dem Zimt verrühren und auf den heißen Kuchen streichen.

Cassata-Kuppel

Für 12 Stück ■ Zubereitungszeit: ca. 35 Min. ■ Marinierzeit: ca. 1 Std. ■ Kühlzeit: ca. 4 Std.
Pro Stück: 418 kcal ■ 13 g Fett ■ 57 g KH ■ 28 % kcal aus Fett

Für den Boden

1 Grundrezept Biskuit für Tortenboden (siehe S. 68)

Außerdem

150 g kandierte Früchte
3 EL Amaretto
250 g Mascarpone
750 g Quark
6 EL Zucker
6 EL Orangenmarmelade
25 g Halbbitterschokolade

1 Den Biskuit nach Rezept zubereiten. Die kandierten Früchte hacken, mit dem Amaretto begießen und ca. 1 Stunde ziehen lassen. Mascarpone, Quark und Zucker glatt rühren. Die Früchte dazugeben und unterrühren.

2 Den Tortenboden in 2 Böden teilen. Mit einem Boden eine gewölbte Schüssel auslegen und diesen mit 3 Esslöffel Orangenmarmelade dünn bestreichen. Zwei Drittel des Mascaponequarks darauf geben und glatt streichen. Die Creme mit dem zweiten Boden abdecken und den Kuchen mindestens 4 Stunden, besser über Nacht, kühl stellen.

3 Den Kuchen auf eine Tortenplatte stürzen. Die Biskuit-Kuppel mit der restlichen Orangenmarmelade dünn bestreichen. Darauf den übrigen Mascarponequark geben und verstreichen. Die Schokolade auf einer Rohkostreibe grob raspeln und zum Verzieren über den Kuchen streuen.

Englischer Kuchen

Für 20 Stück ■ Zubereitungszeit: ca. 10 Min. ■ Backzeit: ca. 1 Std. 20 Min.
Pro Stück: 164 kcal ■ 3 g Fett ■ 21 g KH ■ 16,5 % kcal aus Fett

100 g Halbfettmargarine
150 g Zucker
1 Päckchen Vanillinzucker
1/2 Fläschchen Backaroma Zitrone
1 Prise Salz
2 Eier
250 g Mehl
2 gestrichene TL Backpulver
125 g Kaffeesahne (4 % Fett)
150 g Rosinen
150 g Korinthen
50 g Zitronat
50 g rote Belegkirschen

1 Den Backofen auf 200 °C vorheizen. Die Margarine mit dem Zucker und dem Vanillinzucker schaumig rühren. Backaroma, Salz und Eier dazugeben. Das Mehl mit dem Backpulver mischen, sieben und abwechselnd mit der Sahne nach und nach unterrühren.

2 Zuletzt die Rosinen, die Korinthen, das fein gewürfelte Zitronat und die klein geschnittenen Belegkirschen hinzufügen. Den Teig in eine mit Backpapier ausgelegte Kastenform (30 x 11 cm) füllen und im Backofen auf der mittleren Schiene etwa 1 Stunde 20 Minuten backen.

Wespenstich

Für 12 Stück ■ Zubereitungszeit: ca. 15 Min. ■ Backzeit: ca. 30 Min. ■ Kühlzeit: ca. 1 Std.
Pro Stück: 322 kcal ■ 7 g Fett ■ 60 g KH ■ 19 % kcal aus Fett

450 g Mehl
200 g Zucker
1 Päckchen Vanillinzucker
1 Prise Salz
1/2 Päckchen Backpulver
1/2 TL Natron
3 Eier
375 ml Buttermilch
50 g Kokosraspel

Für die Füllung
400 ml Kaffeesahne (4 % Fett)
1 Päckchen Paradiescreme

1 Eine Springform mit Backpapier auslegen. Mehl, 150 Gramm Zucker, Vanillinzucker, Salz, Backpulver und Natron mischen.

2 Die Eier trennen. Eigelbe und Buttermilch hinzufügen und alles mit den Schneebesen des Handrührgerätes zu einem glatten Teig verrühren. Die Eiweiße mit 1 Esslöffel Wasser zu steifem Schnee schlagen und vorsichtig unter den Teig rühren.

3 Den Backofen auf 180 °C vorheizen. Den Teig in die Form gießen und glatt streichen. Kokosraspel und restlichen Zucker mischen und auf dem Teig verteilen. Ca. 30 Minuten backen.

4 Den Kuchen aus dem Ofen nehmen und abkühlen lassen, waagrecht durchschneiden. Die obere Kuchenhälfte in 12 Stücke teilen. Einen Tortenring um den unteren Boden stellen.

5 Die Sahne mit der Paradiescreme aufschlagen. Die Creme auf dem Tortenboden verteilen, glatt streichen und die 12 oberen Tortenstücke darauf legen. Mindestens 1 Stunde kühl stellen.

Zebra-Käsekuchen

Für 12 Stück ▪ Zubereitungszeit: ca. 20 Min. ▪ Backzeit: ca. 1 Std. ▪ von Monika Strobel
Pro Stück: 329,5 kcal ▪ 9,5 g Fett ▪ 40,5 g KH ▪ 26 % kcal aus Fett

Für den Boden

1 Grundrezept Mürbeteig II (siehe S. 76)

Für die Füllung

2 Eier
150 ml Milch
400 g saure Sahne
1 kg Quark
150 g Zucker
1 1/2 Päckchen Vanillepudding
25 g Kakaopulver

1 Den Boden einer Springform mit Backpapier auslegen. Zwei Drittel des Mürbeteigs darauf ausrollen, den restlichen Teig zu einer Rolle formen, an den Rand legen und etwa 3 cm hoch drücken.

2 Für die Füllung alle Zutaten außer dem Kakao gut verrühren. Die Quarkmasse halbieren und unter die eine Hälfte den Kakao rühren. Den Backofen auf 175 °C vorheizen.

3 Abwechselnd immer einen großen Löffel helle und dunkle Quarkmischung auf die Mitte des Mürbeteigbodens geben, bis alles verbraucht ist. Nicht verstreichen, die Masse verläuft von allein und so ergibt sich das Streifenmuster. Den Kuchen im Backofen auf der mittleren Schiene etwa 1 Stunde backen. Den fertigen Kuchen aus dem Backofen nehmen und abkühlen lassen.

Kirschkuchen mit Grießguss

Für 12 Stück ▪ Zubereitungszeit: ca. 20 Min. ▪ Backzeit: ca. 1 Std. 10 Min. ▪
von Petra Krammer
Pro Stück: 295 kcal ▪ 4,5 g Fett ▪ 54 g KH ▪ 14 % kcal aus Fett

Für den Teig

250 ml Buttermilch
1 Päckchen Citroback
150 g Zucker
4 Eier
250 g Mehl
100 g Speisestärke
2 gestr. TL Backpulver
1/2 TL Natron

Für den Belag

500 ml Milch
4 EL Zucker
2 Päckchen Vanillinzucker
1 Prise Salz
6 EL Grieß
2 Eier
8 EL Kaffeesahne (4 % Fett)
1 Glas Kirschen (350 g)

1 Den Backofen auf 200 °C vorheizen. Alle Teigzutaten mit dem Rührbesen des Handrührgeräts verrühren. Eine Springform mit Backpapier auslegen, den Teig einfüllen und glatt streichen. Den Kuchen im Backofen auf der mittleren Schiene ca. 30 Minuten backen.

2 Für den Belag die Milch mit dem Zucker, dem Vanillinzucker und dem Salz aufkochen, den Grieß einstreuen und ausquellen lassen. Die Eier trennen. Die Eigelbe und die Sahne verrühren und unter den Grießbrei mischen. Die Eiweiße steif schlagen und unterheben.

3 Die Kirschen gut abtropfen lassen und auf dem gebackenen Kuchen verteilen. Den Guss auf die Früchte geben, glatt streichen und weitere 40 Minuten bei gleicher Temperatur backen. Den Kuchen auf einem Kuchengitter auskühlen lassen.

Mürbeteig I (Grundrezept)

100 g Zucker
1 Päckchen Vanillinzucker
75 g Halbfettbutter
1 Ei
150 g Mehl
1 TL Backpulver
1 Prise Salz

Für 1 Kuchen ■ Zubereitungszeit: ca. 5 Min.
Insgesamt: 1212 kcal ■ 38 g Fett ■ 193 g KH ■ 28,2 % kcal aus Fett

1 Mehl, Backpulver und Salz auf eine Arbeitsfläche sieben. In die Mitte eine Vertiefung drücken.
2 Das Ei aufschlagen und in die Vertiefung gleiten lassen. Zucker und Vanillinzucker darauf streuen. Die Halbfettbutter in kleinen Flöckchen auf dem Mehlrand verteilen.
3 Alle Zutaten vom Rand aus rasch zu einem geschmeidigen Teig verkneten. Ist der Teig zu bröselig, esslöffelweise Wasser unterkneten, ist der zu nass, noch Mehl darunter kneten.
4 Den Teig auf bemehlter Fläche ausrollen und eine Form damit auskleiden. Oder den Teig mit den Fingern in der Form verteilen.

TIPP Bei Mürbeteig muss man die Form nicht einfetten, weil der Teig selbst schon genügend Fett enthält.
Zusätzlich Fett kann man sparen, wenn man das Ei durch 2 bis 3 Esslöffel kaltes Wasser ersetzt.

Mürbeteig II (Grundrezept)

100 g Zucker
100 g Halbfettbutter
1 Ei
225 g Mehl
1 TL Backpulver

Für 1 Kuchen ■ Zubereitungszeit: ca. 5 Min.
Insgesamt: 1616 kcal ■ 49 g Fett ■ 261 g KH ■ 27,2 % kcal aus Fett

1 Mehl, Backpulver und Salz auf eine Arbeitsfläche sieben. In die Mitte eine Vertiefung drücken.
2 Das Ei aufschlagen und in die Vertiefung gleiten lassen. Den Zucker darauf streuen. Die Halbfettbutter in kleinen Flöckchen auf dem Mehlrand verteilen.
3 Alle Teigzutaten vom Rand aus rasch zu einem geschmeidigen Teig verkneten. Ist der Teig zu bröselig, esslöffelweise Wasser unterkneten, ist der zu nass, noch Mehl darunter kneten.
4 Den Teig auf bemehlter Fläche ausrollen und eine Form damit auskleiden. Oder den Teig mit den Fingern in der Form verteilen.

Rhabarber-Quark-Schnitten

Für 16 Stück ■ Zubereitungszeit: ca. 30 Min. ■ Backzeit: ca. 50–60 Min. ■ von Monika Strobel
Pro Stück: 316 kcal ■ 6,5 g Fett ■ 53 g KH ■ 18,5 % kcal aus Fett

Für den Boden

2 Grundrezepte Mürbeteig I (siehe linke Seite)

Für den Belag

1 kg Rhabarber
350 g Zucker
4 Eier
1 Päckchen Vanillinzucker
1/2 Fläschchen Butter-Vanille-Aroma
500 g Quark
1 Päckchen Vanillepudding

1 Den Backofen auf 180 °C vorheizen. Den Mürbeteig nach Grundrezept zubereiten und auf einem mit Backpapier ausgelegten Backblech mit hohem Rand ausrollen, am Rand 3 Zentimeter hoch drücken. Den Teig mit einer Gabel mehrmals, auch am Rand, einstechen und 25 bis 30 Minuten vorbacken.

2 Den Rhabarber waschen, abziehen und in 4 cm lange Stücke schneiden. Den Rhabarber auf dem vorgebackenen Boden verteilen und mit 150 Gramm Zucker bestreuen.

3 Die Eier trennen. Die Eigelbe mit dem restlichen Zucker, dem Vanillinzucker, dem Aroma, dem Quark und dem Puddingpulver verrühren.

4 Die Eiweiße steif schlagen und den Eischnee unter die Quarkmasse heben. Den Quarkguss auf den Rhabarber geben, glatt streichen und den Kuchen noch 25 bis 30 Minuten bei gleicher Temperatur weiterbacken. Den fertigen Kuchen aus dem Backblech nehmen, auf einem Kuchengitter auskühlen lassen und in 16 Rhabarber-Quark-Schnitten teilen.

Hohes-C-Torte

Für 4 Personen ■ Zubereitungszeit: ca. 1 Std. ■ Kühlzeit: 1 Nacht ■ von Monika Strobel
Pro Person: 221 kcal ■ 6,5 g Fett ■ 33,5 g KH ■ 26 % kcal aus Fett

Für den Boden

1 Grundrezept Biskuit für Obstkuchen (siehe S. 68)

Für den Belag

1 Flasche hohes C
150 g Zucker
2 Päckchen Vanillepudding
8 Blatt weiße Gelatine
200 g Sahne
200 g Joghurt

1 Den Biskuit nach Grundrezept zubereiten. Aus dem Saft, dem Zucker und dem Puddingpulver einen Pudding kochen. Die Gelatine nach Vorschrift einweichen, ausdrücken und im heißen Pudding auflösen. Auskühlen lassen.

2 Die Sahne steif schlagen. Den Joghurt unter den Pudding rühren und die Sahne unterheben. Einen Tortenring um den Biskuitboden stellen, die Sahnemischung einfüllen und glatt streichen. Über Nacht kalt stellen.

Muffins und Teilchen

ZUTATEN ▶ ZUBEREITUNG

Mokkamuffins

Für 18 Stück ▪ Zubereitungszeit: ca. 15 Min. ▪ Backzeit: ca. 20 Min.
Pro Stück: 162 kcal ▪ 4,9 g Fett ▪ 25,2 g KH ▪ 27,49 % kcal aus Fett

160 g Zucker
2 TL Backpulver
1 EL Instant-Kaffeepulver
1/2 TL Zimt
1 Prise Salz
2 Eier
240 ml Milch
1 Päckchen Bourbon-Vanillezucker
40 g Joghurt
100 g Halbfettmargarine
280 g Mehl
100 g geraspelte Bitterschokolade

1 Den Backofen auf 200 °C vorheizen. Das Muffinsblech mit Papierförmchen füllen.

2 Zucker, Backpulver, Kaffeepulver, Zimt, Salz, Eier, Milch, Vanillezucker, Joghurt und Margarine gut miteinander verrühren, bis sich der Zucker restlos gelöst hat. Dann das Mehl unterrühren. Zum Schluss die Schokoraspel unterheben.

3 Den Teig gleichmäßig in die Muffinsförmchen verteilen und auf der mittleren Schiene 20 Minuten backen.

TIPP Falls Sie Schokoüberzug lieben, können Sie von der Raspelschokolade nur die Hälfte in den Teig rühren und den Rest auf den fertigen Muffins verteilen.

Lemonmuffins

Für 18 Stück ▪ Zubereitungszeit: ca. 15 Min. ▪ Backzeit: ca. 20 Min.
Pro Stück: 135 kcal ▪ 3,9 g Fett ▪ 21 g KH ▪ 25,92 % kcal aus Fett

280 g Joghurt
110 g Zucker
280 g Mehl
2 TL Backpulver
1 Prise Salz
1 Ei
60 ml Pflanzenöl
1 Päckchen Bourbon-Vanillezucker
1 Päckchen Citroback
60 g Puderzucker
1 EL Zitronensaft

1 Den Ofen auf 200 °C vorheizen. Die Papierförmchen in das Muffinblech einlegen.

2 Joghurt und Zucker verrühren, bis sich der Zucker gelöst hat. Mehl, Backpulver, Salz, Ei, Öl, Vanillezucker und Citroback ebenfalls dazugeben und gründlich verrühren.

3 Den Teig löffelweise in die Muffinsförmchen füllen und etwa 20 Minuten goldbraun backen.

4 Für die Glasur den Puderzucker mit dem Zitronensaft in einer Tasse verrühren und damit die ausgekühlten Muffins dick bestreichen. Nach Belieben mit einem Stückchen Zitronat oben drauf verzieren.

ZUTATEN ▶ ZUBEREITUNG

Müslimuffins

140 g Zucker
1 TL Backpulver
1 Prise Salz
1 Ei
120 ml Milch
300 g Joghurt
260 g Vollkornmehl
180 g Früchtemüsli

Für 18 Stück ▪ Zubereitungszeit: ca. 15 Min. ▪ Backzeit: ca. 25 Min.
Pro Stück: 127 kcal ▪ 1,9 g Fett ▪ 23,5 g KH ▪ 13,4 % kcal aus Fett

1 Den Backofen auf 200 °C vorheizen. Das Muffinsblech mit den Papierförmchen füllen.
2 Zucker, Backpulver, Salz, Ei, Milch und Joghurt gut miteinander verrühren, bis sich der Zucker völlig aufgelöst hat. Mehl und das Früchtemüsli einrühren.
3 Den Teig gleichmäßig in Muffinsförmchen verteilen und auf der mittleren Schiene 25 Minuten backen.

TIPP Muffins sind der neue Star am Backhimmel … nicht ganz unverdient, wie wir finden. Denn in ihren kleinen Papierhütchen halten sich Muffins länger als normaler Kuchen, lassen sich einfacher portionieren und sehen dazu auch noch sehr dekorativ aus.
Wenn Sie einmal keine Lust und keine Zeit haben, Muffins nach Rezept zu backen, können Sie die kleinen Törtchen auch aus Backmischungen herstellen. Ersetzen Sie einfach das Fett durch die 1,2-fache Menge Joghurt und 1 EL Grieß. Besonders saftig und fruchtig werden diese Muffins, wenn Sie in jedes Förmchen noch 5 Blaubeeren, 3 Kirschen, 3 Würfelchen Apfel oder 1 Stückchen rosa Grapefruit stippen. Auch klein gewürfelte Birnen oder Ananas schmecken gut.

Schoko-Bananen-Muffins

2 Eier
120 g Zucker
4 EL Joghurt
4 mittelgroße reife Bananen
260 g Mehl
3 TL Backpulver
2 TL Grieß
100 g geraspelte Schokolade

Für 12 Stück ▪ Zubereitungszeit: ca. 15 Minuten ▪ Backzeit: 20–25 Min.
Pro Stück: 194 kcal ▪ 4 g Fett ▪ 35 g KH ▪ 18,5 % kcal aus Fett

1 Den Backofen auf 180 °C vorheizen.
2 In jede Vertiefung des Muffinblechs eine Papiermanschette setzen. Wenn man kein Muffinblech hat, einfach zwei Papiermanschetten ineinander setzen.
3 Die Eier schaumig schlagen, Zucker und Joghurt unterrühren. Bananen schälen, zerdrücken und unter die Eimischung rühren. Mehl, Backpulver, Grieß und Schokolade mischen und unterheben.
4 Den Teig auf die Förmchen beziehungsweise in die Papiermanschetten verteilen und die Muffins ca. 20 bis 25 Minuten backen.

Weizenkleiemuffins

Für etwa 18 Stück ▪ Zubereitungszeit: ca. 15 Min. ▪ Backzeit: ca. 25 Min.
Pro Stück: 152 kcal ▪ 1,8 g Fett ▪ 22,9 g KH ▪ 10,4 % kcal aus Fett

50 g Zucker
2 TL Backpulver
1 Prise Salz
2 Eier
240 ml Zitronen-Buttermilch
140 g Joghurt
120 g Akazienhonig
130 g Apfelkraut
170 g Vollkornmehl
250 g Weizenkleie
150 g Rosinen

1 Den Backofen auf 200 °C vorheizen. Das Muffinsblech mit den Papierförmchen füllen.

2 Zucker, Backpulver, Salz, Eier, Buttermilch und Joghurt gut miteinander verrühren, bis sich der Zucker restlos gelöst hat. Dann den Honig und das Apfelkraut unterrühren.

3 Das Mehl und die Weizenkleie einrühren. Zum Schluss die Rosinen dazugeben.

4 Den Teig gleichmäßig in die Muffinsförmchen verteilen und auf der mittleren Schiene 25 Minuten backen.

Preiselbeermuffins

Für 12 Stück ▪ Zubereitungszeit: ca. 10 Min. ▪ Backzeit: ca. 25 Min. ▪ von Sylvia Kümmel
Pro Stück: 118 kcal ▪ 2,5 g Fett ▪ 21 g, KH ▪ 19 % kcal aus Fett

120 g brauner Zucker
175 g Weizenmehl
1 TL Backpulver
1 TL gemahlener Zimt
1/2 TL gemahlene Nelken
75 g saure Sahne
150 g Preiselbeeren (Glas oder Dose)
1 Ei
20 g zerlassene Margarine

1 Den Backofen auf 170 °C vorheizen. Das Muffinsblech mit den Papierförmchen füllen.

2 Die trockenen Zutaten gut mischen, dann saure Sahne, Preiselbeeren, Ei und zerlassene Margarine mit dem Kochlöffel gründlich unterrühren.

3 Den Teig in 12 Muffinförmchen füllen. Die Muffins im Backofen auf der mittleren Schiene ca. 25 Minuten backen.

ZUTATEN ▸ ZUBEREITUNG

Apfel-Rosinen-Brot

200 g säuerliche Äpfel (z. B. Braeburn)
1 EL Margarine
220 g Mehl
2 Eier
100 g Joghurt
160 g Zucker
1 TL Backpulver
1 Prise Salz
2 TL gemahlener Zimt
80 g Rosinen

Für 12 Stück ▪ Zubereitungszeit: ca. 30 Min. ▪ Backzeit: ca. 45 Min.
Pro Stück: 168 kcal ▪ 2,2 g Fett ▪ 28,8 g KH ▪ 11,7 % kcal aus Fett

1 Die Äpfel schälen und die Kerngehäuse herausschneiden. Die Äpfel auf einer groben Reibe raspeln.

2 Den Backofen auf 180 °C vorheizen. Eine Kastenform (22 cm lang) mit der Margarine einfetten und mit etwas Mehl ausstäuben.

3 Die Eier mit dem Joghurt und dem Zucker verrühren, bis sich der Zucker aufgelöst hat. Dann Mehl sowie Backpulver, Salz und Zimt dazugeben. Zum Schluss die Rosinen und die Äpfel unterheben.

4 Den Teig in die Kastenform füllen und auf der mittleren Schiene etwa 45 Minuten backen.

TIPP Das Rosinenbrot schmeckt saftiger, wenn es einen Tag lang durchziehen kann. Dazu das ausgekühlte Brot gut verpackt über Nacht liegen lassen.

Apfelteilchen

300 g Äpfel
50 ml Apfelsaft
1 Stück unbehandelte Zitronenschale
75 Quark
50 g Zucker
1 Päckchen Vanillinzucker
2 1/2 EL Öl
1 Prise Salz
300 g Mehl
1/2 Päckchen Backpulver
etwas Kondensmilch zum Bestreichen
3 EL Mandelblättchen

Für 6 Stück ▪ Zubereitungszeit: ca. 30 Min. ▪ Backzeit: ca. 15 Min.
Pro Stück: 324 kcal ▪ 6,5 g Fett ▪ 57 g KH ▪ 18 % kcal aus Fett

1 Die Äpfel waschen, schälen, vierteln und ohne Kerngehäuse in Scheiben schneiden. Die Apfelscheiben mit Saft und Zitronenschale aufkochen und 10 Minuten dünsten. Abkühlen lassen und die Zitronenschale entfernen.

2 Den Quark mit 40 Gramm Zucker, Vanillinzucker, Öl und Salz gründlich verrühren. Mehl und Backpulver mischen und nach und nach unter die Quarkmasse rühren.

3 Den Backofen auf 200 °C vorheizen. Den Teig in sechs gleiche Stücke teilen und diese zu Kugeln formen. Die Kugeln auf ein mit Backpapier ausgelegtes Backblech setzen und zu flachen Kreisen von etwa 8 cm Ø drücken.

4 Auf jeden Kreis in die Mitte etwas Kompott geben, die Teigränder mit Kondensmilch bestreichen, mit den Mandelblättchen und dem restlichen Zucker bestreuen. Die Apfelteilchen ca. 15 Minuten backen.

Apfelmusbrot mit Ahornsirupglasur

Für 12 Stück ■ Zubereitungszeit: ca. 40 Min. ■ Backzeit: ca. 55 Min. ■ Wartezeit: ca. 3 Std.
Pro Stück: 341 kcal ■ 10,4 g Fett ■ 58,6 g KH ■ 27,46 % kcal aus Fett

Für den Teig

60 g Butter
280 g Mehl
2 Eier
210 g Zucker
2 TL Backpulver
1 Prise Salz
1 TL gemahlener Zimt
1 Prise geriebene Muskatnuss
240 g Apfelmus
3 EL Milch
100 g gehackte Walnusskerne

Für die Glasur

1 EL weiche Butter
220 g Puderzucker
1 Prise Salz
1 Tropfen Butter-Vanille-Aroma
1 EL Milch
2 EL Ahornsirup

1 Den Backofen auf 180 °C vorheizen. Eine Kastenform mit etwas Butter ausfetten und mit Mehl ausstäuben.

2 Die Eier trennen und die Eiweiße steif schlagen. Die Eigelbe mit dem Zucker schaumig rühren und nach und nach die restlichen Zutaten für den Teig dazugeben, zum Schluss die Walnüsse.

3 Zum Schluss den Eischnee zügig unter die Eigelb-Nuss-Masse heben und den Teig in die Kastenform füllen.

4 Das Brot auf der mittleren Schiene ca. 55 Minuten backen. Aus dem Ofen nehmen und etwas abkühlen lassen, dann stürzen.

5 Wenn das Brot einigermaßen erkaltet ist, für die Glasur die Butter cremig rühren. Den Puderzucker dazusieben und zusammen mit dem Salz, dem Butter-Vanille-Aroma, der Milch und dem Ahornsirup verrühren. Diese Glasur oben auf die rauhe Seite des Brotes auftragen.

Früchtebrot

Für 60 Scheiben ▪ Zubereitungszeit: ca. 45 Min. ▪ Einweichzeit: über Nacht ▪ Marinierzeit: ca. 30 Minuten ▪ Backzeit: ca. 1 Std. 10 Min.
Pro Scheibe: 92 kcal ▪ 2,5 g Fett ▪ 13 g KH ▪ 25 % kcal aus Fett

200 g entsteinte Backpflaumen
300 g getrocknete Birnen
200 g getrocknete Feigen
je 100 g Haselnüsse, Walnüsse, Rosinen und Korinthen
je 50 g klein gewürfeltes Zitronat und Orangeat
125 g Zucker
je 1 Prise gemahlener Piment, gemahlener Anis und Salz
2 EL Rum
2 EL Zitronensaft
100 g Schwarzbrotteig vom Bäcker
200 g Mehl
50 g abgezogene halbierte Mandeln
60 g gemischte kandierte Früchte

1 Backpflaumen, Birnen und Feigen mit 1 Liter Wasser übergießen und über Nacht stehen lassen.

2 Die Früchte am nächsten Tag in einem Sieb abtropfen lassen und sehr klein würfeln. Haselnüsse und Walnüsse grob hacken. Rosinen und Korinthen in einem Sieb heiß abbrausen, abtropfen lassen und trockentupfen.

3 Zitronat und Orangeat mit allen Trockenfrüchten und Nüssen mischen, Zucker, Zimt, Piment, Anis, Salz, Rum und Zitronensaft hinzufügen, alles gut vermengen und zugedeckt 30 Minuten durchziehen lassen.

4 Den Backofen auf 180 °C vorheizen. Ein Backblech mit Backpapier auslegen. Den Schwarzbrotteig zu der Fruchtmasse geben, das Mehl darüber sieben und alles gründlich verkneten.

5 Aus dem Teig zwei Brotlaibe formen und mit etwas Wasser glatt streichen. Mit den Mandelhälften und den kandierten Früchten verzieren. Die Früchtebrote 1 Stunde 10 Minuten backen.

TIPP Fehlt Ihnen beim Backen einmal eine Sorte der Trockenfrüchte, so können Sie den Anteil der anderen Früchte entsprechend erhöhen.

Honigkuchen

Für 20 Stück ▪ Zubereitungszeit: ca. 30 Min. ▪ Backzeit: ca. 12 Min. ▪ Ruhezeit: ca. 3–4 Std.
Pro Stück: 200 kcal ▪ 4,75 g Fett ▪ 34,5 g KH ▪ 22 % kcal aus Fett

250 g Honig
100 g Butter
130 g Zucker
1 Ei
500 g Mehl
1 TL Backpulver
1 EL Lebkuchengewürz
1 Prise Salz

1 Honig, Butter und Zucker in einem Topf unter Rühren vorsichtig erhitzen, bis der Zucker vollständig aufgelöst ist. Anschließend die Masse wieder lauwarm abkühlen lassen. Das Ei unter die Honigmasse rühren.

2 Mehl, Backpulver, Lebkuchengewürz und Salz mischen, nach und nach hinzufügen und den Rest mit der Hand unterkneten. Den Teig abdecken und 3 bis 4 Stunden ruhen lassen.

3 Den Backofen auf 180 °C vorheizen. Den Teig 5 mm dick ausrollen, dann in 2 x 6 cm große Streifen schneiden.

4 Die Streifen auf ein mit Backpapier ausgelegtes Blech legen und ca. 12 Minuten backen. Nach dem Backen mit Zuckerguss verzieren.

TIPP Für den Zuckerguss 150 Gramm Puderzucker mit 1 Esslöffel Zitronensaft verrühren.

Weihnachtliches

ZUTATEN ▶ ZUBEREITUNG

Weihnachtscrumble

- 1 Dose Ananas in Scheiben
- 50 g getrocknete Datteln
- 1 Apfel
- 1 EL Rum
- 50 g kalte Halbfettmargarine
- 100 g Mehl
- 50 g Zucker
- 1 Päckchen Vanillinzucker
- 3 EL Kokosflocken
- 300 g Joghurt
- 1 Prise gemahlener Zimt
- 2 EL Honig

Für 4 Personen ■ Zubereitungszeit: ca. 15 Min. ■ Backzeit: ca. 30 Min.
Pro Person: 387,5 kcal ■ 7,7 g Fett ■ 71,1 g KH ■ 17,97 % kcal aus Fett

1 Die Ananas abtropfen lassen, in mundgerechte Stücke schneiden. Die Datteln entsteinen und klein schneiden. Den Apfel schälen, vom Kerngehäuse befreien und in Scheiben schneiden. Das Obst vermischen und mit dem Rum beträufeln.

2 Den Backofen auf 200 °C vorheizen. Die Margarine, das Mehl, Zucker und Vanillinzucker sowie Kokosflocken in eine Schüssel geben und zu Streuseln kneten. Die Streusel über dem Obst verteilen und den Crumble auf der mittleren Schiene ca. 30 Minuten backen.

3 Für die Sauce den Joghurt sorgfältig mit dem Zimt und Honig verrühren und zum warmen Crumble servieren.

Heißer Kirschtraum

- 150 g Sauerkirschen (Glas)
- 3 EL weißer Rum
- 1 Stück frische Ingwerwurzel
- 4 Beutel Früchtetee
- 1 Zimtstange
- 3 TL Sternanis
- 1 TL Gewürznelken
- 40 g Kandiszucker

Für 6 Personen ■ Zubereitungszeit: ca. 20 Min. ■ Marinierzeit: ca. 3 Std.
Pro Person: 285 kcal ■ 0,34 g Fett ■ 69,8 g KH ■ 1 % kcal aus Fett

1 Die Sauerkirschen abtropfen lassen und in Rum 3 Stunden marinieren. Die Ingwerwurzel schälen und in feine Stifte schneiden.

2 800 Milliliter Wasser aufkochen und den Früchtetee, die Zimtstange, Sternanis und Gewürznelken damit überbrühen. Die Mischung auf der abgeschalteten Herdplatte 10 Minuten ziehen lassen.

3 Die Rumkirschen mit dem Kandis erwärmen und auf 6 Gläser verteilen. Den Tee durch ein Sieb darüber gießen.

ZUTATEN ZUBEREITUNG

Glühweinpflaumen auf Zimtcreme

250 g getrocknete Pflaumen
500 ml Glühwein
2 Päckchen Tortenguss rot
4 EL Zucker
1 Päckchen Paradiescreme Vanille
300 ml Milch
1-2 TL gemahlener Zimt

Für 4 Personen ■ Zubereitungszeit: ca. 10 Min. ■ Kühlzeit: ca. 1 Std.
Pro Person: 289 kcal ■ 2,8 g Fett ■ 61 g KH ■ 8,66 % kcal aus Fett

1 Die Pflaumen über Nacht in dem Glühwein einweichen. Am nächsten Tag das Tortengusspulver mit dem Zucker und 6 Esslöffel Glühwein verrühren. Den Glühwein mit den Pflaumen kurz aufkochen. Das angerührte Tortengusspulver unter Rühren in den kochenden Glühwein gießen und einmal aufkochen lassen. Die Glühweinpflaumen kalt stellen.

2 Die Paradiescreme mit der Milch in einen hohen Rührbecher geben, ca. 3 Minuten mit dem Rührgerät cremig aufschlagen und den Zimt unterschlagen. Die abgekühlten Pflaumen abwechselnd mit der Creme in vier hohe Dessertgläser schichten und bis zum Verzehr kühl stellen.

Bratäpfel mit Dominosteinen

4 große Äpfel (Boskop)
12 Dominosteine

Für 4 Personen ■ Zubereitungszeit: ca. 20 Min. ■ Backzeit: ca. 35-45 Min.
Pro Person: 247,25 kcal ■ 6,4 g Fett ■ 42,6 g KH ■ 23,39 % kcal aus Fett

1 Den Backofen auf 160 °C vorheizen. Das Kerngehäuse aus den Äpfeln mit einem Ausstecher entfernen. Die Öffnungen vergrößern, die Äpfel in eine ofenfeste Form setzen und 3 Dominosteine in jeden Apfel drücken.

2 Die Äpfel in der Form in ein Wasserbad stellen und 35 bis 45 Minuten garen.

TIPP Klassisch ist für Bratäpfel eine Füllung aus Rosinen, gemahlenen Mandeln und Honig.

Karamellisierte Äpfel und Birnen

Für 4 Personen ▪ Zubereitungszeit: ca. 40 Min.
Pro Person: 376 kcal ▪ 8,5 g Fett ▪ 68 g KH ▪ 20 % kcal aus Fett

2 Äpfel
4 Birnen
1 TL Butter
90 g Zucker
30 g Walnusskerne
200 ml Apfelsaft
1/2 unbehandelte Zitrone
1 TL gemahlener Zimt
1 Msp. gemahlene Nelken
1 Packung Vanilleeis (250 ml)
1 EL Pfefferminzblättchen

1 Die Äpfel und die Birnen waschen, in Viertel schneiden und Kerngehäuse entfernen. Die Viertel in Spalten schneiden. Eine Auflaufform mit der Butter einfetten und die Obstspalten hineinlegen.

2 In einer Pfanne 80 Gramm Zucker leicht karamellisieren lassen. Die Walnusskerne darin wenden, herausnehmen und auf einen Teller legen. Den Apfelsaft in die Pfanne gießen und kochen, bis sich der Karamell aufgelöst hat.

3 Den Backofen auf 180 °C vorheizen. Die Zitrone heiß waschen und abtrocknen. Die Schale fein abreiben und die Zitrone auspressen. Die Zitronenschale mit dem -saft mischen und gleichmäßig über die Obstspalten gießen.

4 Den restlichen Zucker mit dem Zimt und den Nelken mischen und über das Obst streuen. Das Obst im Backofen zugedeckt ca. 20 Minuten backen. Etwas abkühlen lassen.

5 Das Vanilleeis auf 4 Tellern mit den Obstspalten anrichten und mit den Walnusskernen und den Pfefferminzblättchen garniert servieren.

ZUTATEN ▶ ZUBEREITUNG

Vanillekipferl

50 g gemahlene Mandeln
450 g Mehl
120 g Halbfettmargarine
250 g Puderzucker
100 g Vanillejoghurt
1 Päckchen Bourbon-Vanillezucker

Für etwa 45 Stück ■ Zubereitungszeit: ca. 30 Min. ■ Kühlzeit: ca. 1 Std. ■ Backzeit: ca. 10 Min.
Pro Stück: 77 kcal ■ 1,9 g Fett ■ 12,8 g KH ■ 22,34 % kcal aus Fett

1 Die Mandeln mit Mehl, Halbfettmargarine, 200 Gramm Puderzucker, Vanillejoghurt und Bourbon-Vanillezucker von Hand oder mit dem Knethaken des Handrührgerätes zu einem Teig verkneten und für ca. 1 Stunde kalt stellen.
2 Den Backofen auf 180 °C vorheizen. Aus dem Teig dünne Rollen formen, in etwa 5 cm lange Stücke schneiden und diese zu Kipferln formen. Die Kipferl auf ein mit Backpapier ausgelegtes Backblech legen und etwa 10 Minuten backen.
3 Die fertigen Kipferl aus dem Backofen nehmen und noch heiß mit dem restlichen Puderzucker von allen Seiten reichlich bestäuben.

Mandelkekse

1 Vanilleschote
450 g Mehl
150 g Zucker
50 g Honig
1 Eigelb
20 g Butter
3 Eier
50 g Joghurt
3 TL Backpulver
100 g gehackte Mandeln

Für etwa 60 Stück ■ Zubereitungszeit: ca. 20 Min. ■ Backzeit: ca. 30–35 Min. ■ von Sylvia Kümmel
Pro Stück: 54 kcal ■ 1,5 g Fett ■ 8,5 g KH ■ 25 % kcal aus Fett

1 Das Mark der Vanilleschote auskratzen und mit den übrigen Zutaten zu einem Mürbeteig verarbeiten. Aus dem Teig etwa 3 cm dicke Rollen formen und diese auf ein mit Backpapier ausgelegtes Backblech legen.
2 Die Rollen in den kalten Backofen schieben und bei 175 °C etwa 20 Minuten backen. Die Rollen in ca. 1 cm dicke Scheiben schneiden. Diese wieder auf das Backblech legen und noch einmal 10 bis 15 Minuten backen.

TIPP Die Mandelkekse lassen sich in Blechdosen gut aufbewahren und schmecken auch gut zu Wein oder Dessert.

ZUTATEN ▶ ZUBEREITUNG

Aachener Printen

500 g Zuckerrübensirup
5 g Pottasche
250 g Zucker
100 g Orangeat
600 g Mehl
2 TL gemahlener Anis
2 TL gemahlener Koriander
2 TL gemahlener Zimt
1/4 TL gemahlener Piment
1/4 TL gemahlener Kardamom
1/4 TL gemahlene Nelken
1 TL Natron
50 g Hagelzucker

Für etwa 50 Stück ■ Zubereitungszeit: ca. 1 Std. 15 Min. ■ Backzeit: ca. 15 Min. ■ Ruhezeit: ca. 24 Std.
Pro Stück: 101 kcal ■ 0,13 g Fett ■ 24 g KH ■ 1,14 % kcal aus Fett

1 Den Sirup mit 3 Esslöffel Wasser und der Pottasche erwärmen, den Zucker darin auflösen. Die Mischung auf Handwärme abkühlen lassen.
2 Das Orangeat sehr fein würfeln, mit dem Mehl und den Gewürzen unter den Sirup kneten. Den Teig abdecken und 24 Stunden kalt stellen.
3 Den Backofen auf 200 °C vorheizen. Den Teig auf bemehlter Fläche etwa 4 mm dick ausrollen. In etwa 3 x 8 cm große Stücke schneiden und auf einem mit Backpapier ausgelegten Blech etwa 15 Minuten backen.
4 Die Printen noch warm mit Hagelzucker bestreuen und auskühlen lassen.

TIPP Einige der Printen können auch dünn mit Kuvertüre überzogen werden, da der Fettanteil der Printen sehr niedrig ist.

Eisblumen

125 g Mehl
1/2 TL Backpulver
1 Päckchen Citroback
1 Vanilleschote
100 g Speisestärke
75 g Puderzucker
40 g Butter
1 Ei
2 EL Schmand
1 Eigelb
2 EL Kondensmilch (4 % Fett)
3 EL Hagelzucker

Für etwa 50 Stück ■ Zubereitungszeit: ca. 40 Min. ■ Kühlzeit: ca. 1 Std. ■ Backzeit: ca. 10–15 Min.
Pro Stück: 35 kcal ■ 1 g Fett ■ 5,5 g KH ■ 26,44 % kcal aus Fett

1 Mehl mit Backpulver in eine Schüssel sieben, Citroback, ausgekratztes Vanillemark, Speisestärke und Puderzucker dazugeben.
2 Die Butter in kleinen Flöckchen in die Schüssel geben. Alles zusammen mit Ei und Schmand schnell zu einem Teig verkneten. Mindestens 1 Stunde kalt stellen.
3 Eigelb und Kondensmilch verrühren und beiseite stellen. Den Backofen auf 180 °C vorheizen.
4 Den Mürbeteig auf der bemehlten Arbeitsfläche etwa 3 mm dünn ausrollen. Mit einer Blumenform Plätzchen ausstechen und auf mit Backpapier belegte Bleche setzen.
5 Die Plätzchen mit der Eigelb-Kondensmilch-Mischung bestreichen, mit Hagelzucker bestreuen und im Backofen auf der mittleren Schiene etwa 10 bis 15 Minuten backen.

Amarettinimakronen

Für etwa 40 Stück ▪ Zubereitungszeit: ca. 25 Min. ▪ Backzeit: ca. 10 Min.
Pro Stück: 17 kcal ▪ 0,2 g Fett ▪ 19,7 g KH ▪ 11 % kcal aus Fett

150 g Amarettini
3 Eiweiß
Salz
40 Backoblaten (5 cm Ø)

1 Die Amarettini mahlen oder mit dem Mörser fein zerbröseln. Die Eiweiße mit 1 Prise Salz steif schlagen. Die Brösel mit dem Eiweiß mischen.
2 Den Backofen auf 160 °C vorheizen. Die Backoblaten auf ein mit Backpapier ausgelegtes Backblech setzen. Von der Masse mit zwei Teelöffeln Häufchen abnehmen und auf die Oblaten setzen.
3 Die Makronen im Backofen auf der mittleren Schiene in etwa 10 Minuten hellgelb backen.

Kokoszwiebackmakronen

Für etwa 40 Stück ▪ Zubereitungszeit: ca. 1 Std. 10 Min. ▪ Ruhezeit: ca. 30 Min. ▪ Backzeit: ca. 20 Min.
Pro Stück: 43 kcal ▪ 0,6 g Fett ▪ 8,6 g KH ▪ 12,86 % kcal aus Fett

4 Eiweiß
1 Prise Salz
1 TL Citroback
200 g Zucker
200 g gemahlener Kokoszwieback

1 Die Eiweiße zusammen mit Salz und Citroback sehr steif schlagen. Dabei den Zucker langsam einrieseln lassen. Den gemahlenen Kokoszwieback unterheben und die Masse etwa 30 Minuten ruhen lassen.
2 Den Backofen auf 175 °C vorheizen. Ein Backblech mit Backpapier auslegen und mit Löffeln kleine Häufchen darauf setzen.
3 Die Makronen im Backofen auf der mittleren Schiene etwa 20 Minuten backen. Die fertigen Makronen herausnehmen, vom Blech lösen und auf einem Kuchengitter abkühlen lassen.

TIPP Man kann die Makronenmasse auch auf Oblaten setzen, dann gehen die Plätzchen leichter vom Blech.

ZUTATEN ZUBEREITUNG

Geleeplätzchen

- **250 g Mehl**
- **2 TL Backpulver**
- **125 g Zucker**
- **1 Msp. Salz**
- **1 Päckchen Citroback**
- **1 Ei**
- **100 g Margarine**
- **100 g Johannisbeergelee**
- **50 g Puderzucker**

Für etwa 30 Stück ▪ Zubereitungszeit: ca. 1 Std. ▪ Kühlzeit: ca. 30 Min. ▪ Backzeit: ca. 20 Min.
Pro Stück: 90 kcal ▪ 2,9 g Fett ▪ 14 g KH ▪ 28,82 % kcal aus Fett

1 Das Mehl mit dem Backpulver in eine Rührschüssel sieben. Zucker, Salz, Citroback, Ei und Margarine hinzufügen. Mit dem Knethaken des Handrührgerätes gut durcharbeiten. Dann mit den Händen zu einem glatten Teig verkneten. Den Teig 30 Minuten kalt stellen.

2 Den Backofen auf 180 °C vorheizen. Den Teig dünn auf der bemehlten Arbeitsfläche ausrollen. Mit einer runden Form Plätzchen (8 cm Ø) ausstechen. Die Hälfte der Plätzchen werden zu Deckeln und müssen durch eine kleinere Form (z. B. die Spritztülle) mit Löchern versehen werden.

3 Die Plätzchen auf zwei mit Backpapier ausgelegte Backbleche legen und nacheinander etwa 10 Minuten backen. Die ungelochten Plätzchen mit Gelee bestreichen, die anderen als Deckel darauf setzen. Mit Puderzucker bestäuben.

Anisplätzchen

- **2 Eier**
- **250 g Zucker**
- **1 Msp. Salz**
- **1 Päckchen Vanillinzucker**
- **250 g Mehl**
- **1 TL gemahlener Anis**
- **1 TL gemahlener Sternanis**
- **1 EL Speisestärke**

Für etwa 40 Stück ▪ Zubereitungszeit: ca. 1 Std. ▪ Backzeit: ca. 10 Min. ▪ Ruhezeit: ca. 12 Std.
Pro Stück: 53,05 kcal ▪ 0,4 g Fett ▪ 11,37 g KH ▪ 6,78 % kcal aus Fett

1 Die Eier mit Zucker, Salz und Vanillinzucker im Wasserbad cremig rühren. Danach in Eiswasser kaltrühren.

2 Das Mehl sieben, mit Anis, Sternanis und Speisestärke mischen und unter die Creme heben.

3 Ein Backblech mit Backtrennpapier auslegen. Mit 2 Löffeln oder mit Hilfe der Spritztülle kleine Häufchen auf das Blech setzen (reichlich Abstand lassen). Einige Stunden, oder über Nacht, stehen lassen, bis die Oberfläche angetrocknet ist.

4 Die Plätzchen auf der mittleren Schiene bei 175 °C, im vorgeheizten Ofen, etwa 10 Minuten backen, vom Blech lösen und auf einem Gitter abkühlen lassen.

ZUTATEN ▶ ZUBEREITUNG

Elisenlebkuchen

3 Eier
250 g Zucker
220 g gehackte Mandeln
75 g Orangeat
125 g Zitronat
120 g Mehl
1 TL Backpulver
1 TL gemahlener Zimt
1 Msp. gemahlene Nelken
1 Msp. gemahlener Kardamom
1 Msp. gemahlener Piment
1 TL Citroback
1 EL Rum
150 g geriebener Zwieback
35 Backoblaten (8 cm Ø)
100 g Puderzucker
2 EL Rum

Für etwa 35 Stück ▪ Zubereitungszeit: ca. 1 Std. ▪ Backzeit: ca. 15 Min. ▪ Ruhezeit: ca. 1 Std.
Pro Stück: 134 kcal ▪ 4,4 g Fett ▪ 20 g KH ▪ 29,38 % kcal aus Fett

1 Eier zusammen mit Zucker schaumig rühren. Mandeln, Orangeat und Zitronat hinzufügen und unterrühren. Mehl mit Backpulver vermischen, sieben und unter Rühren löffelweise dazugeben.

2 Gewürze, Citroback, Rum und Zwieback hinzufügen und gut verrühren, bis eine zähe Masse entsteht. Diese bei Zimmertemperatur zugedeckt etwa 1 Stunde ruhen lassen.

3 Den Backofen auf 160 °C vorheizen. Ein Backblech mit Backpapier auslegen. Die Oblaten darauf verteilen und mit einem Messer die Lebkuchenmasse etwa 2 cm dick auf die Oblaten streichen.

4 Die Lebkuchen in den Ofen geben und in etwa 15 Minuten hellbraun backen. Für die Glasur den Puderzucker mit dem Rum glatt rühren. Die Lebkuchen mit der Glasur überziehen.

Aprikosen-Honig-Lebkuchen

150 g getrocknete, ungeschwefelte Aprikosen
6 Eier
300 g Honig
150 g gemahlene Mandeln
2 TL gemahlener Zimt
3 TL Lebkuchengewürz
1 Päckchen Vanillinzucker
1 Päckchen Orangeback
375 g Mehl
3 TL Backpulver
Backoblaten (7 cm Ø)

Für etwa 30 Stück ▪ Zubereitungszeit: ca. 1 Std. ▪ Backzeit: ca. 30 Min. ▪
Einweichzeit: ca. 3-4 Std. ▪ Ruhezeit: 12 Std.
Pro Stück: 113 kcal ▪ 1,5 g Fett ▪ 18,4 g KH ▪ 12,22 % kcal aus Fett

1 Die Aprikosen waschen und mit Wasser bedecken. Etwa 3 bis 4 Stunden quellen lassen. Dann abgetropft fein würfeln.

2 Die Eier zusammen mit dem Honig schaumig schlagen. Mandeln, Gewürze, Vanillinzucker und Orangeback unterrühren.

3 Das Mehl mit dem Backpulver sieben und unterrühren. Ein Backblech mit Backpapier auslegen und den Teig etwa 1 cm hoch auf die Oblaten streichen.
Die Oblaten auf das Backblech setzen und über Nacht antrocknen lassen.

4 Am nächsten Morgen das Blech auf der mittleren Schiene in den kalten Backofen schieben. Die Aprikosen-Honig-Lebkuchen etwa 30 Minuten bei 180 °C backen.

Nürnberger Lebkuchen

Für etwa 50 Stück ■ Zubereitungszeit: ca. 1 Std. ■ Backzeit: ca. 30 Min.
Pro Stück: 100 kcal ■ 3,3 g Fett ■ 14,9 g KH ■ 30 % kcal aus Fett

4 Eier
225 g Zucker
1 Päckchen Vanillinzucker
1 Prise Salz
250 g Mehl
1 gehäufter TL Backpulver
225 g gemahlene Mandeln
abgeriebene Schale von 1 unbehandelten Zitrone
1 Msp. gemahlene Nelken
1 Msp. gemahlener Piment
1 Msp. gemahlener Kardamom
1 gehäufter TL gemahlener Zimt
100 g fein gehacktes Zitronat
runde Backoblaten (8 cm Ø)
200 g Puderzucker
3 EL heißes Wasser
2 EL Rosenwasser
50 g bunte Zuckerstreusel

1 Eier, Zucker, Vanillinzucker und Salz schaumig rühren. Mehl mit Backpulver mischen und nach und nach unterrühren. Die Mandeln hinzufügen und unterziehen. Zitronenschale, Gewürze und Zitronat in den Teig rühren.

2 Den Backofen auf 180 °C vorheizen. Den Teig etwa 1 cm dick auf die Oblaten streichen, einen Rand von ca. 1 cm lassen. Die Lebkuchen auf ein Backblech setzen und etwa 30 Minuten backen.

3 Inzwischen den Puderzucker in eine Schüssel sieben und mit Wasser und Rosenwasser glatt rühren. Den Guss dünn auf die noch warmen Lebkuchen streichen. Die Lebkuchen mit den Zuckerstreuseln verzieren und auf dem Blech vollständig auskühlen lassen.

ZUTATEN ZUBEREITUNG

Nikolaus

Für den Teig
250 g Honig
100 g Halbfettmargarine
2 Eier
125 g Zucker
1 TL (10 g) Pottasche
375 g Mehl
2 EL Lebkuchengewürz
1 TL abgeriebene Schale einer unbehandelten Zitrone
2 EL Rum
1 EL Kakaopulver
100 g fein gehacktes Zitronat
50 g fein gehacktes Orangeat
80 g gehackte Mandeln

Für die Verzierung
200 g Puderzucker
1 Eiweiß
rote Speisefarbe

Für 16 Stück ▪ Zubereitungszeit: ca. 20 Min. ▪ Backzeit: ca. 20 Min.
Zeit zum Verzieren und Trocknen: ca. 1 Std. 30 Min.
Pro Stück: 261 kcal ▪ 6,5 g Fett ▪ 56,5 g KH ▪ 22,5 % kcal aus Fett

1 Den Honig und die Margarine in einem Topf erhitzen, gut verrühren und abkühlen lassen. Die Eier und den Zucker in einer Rührschüssel schaumig schlagen, die Honigmischung unterrühren. Die Pottasche mit 1 Esslöffel Wasser verrühren, mit den restlichen Zutaten zur Eiermasse geben und alles gründlich verkneten.
2 Den Backofen auf 175 °C vorheizen. Zwei Springformen von ca. 24 cm Ø mit Backpapier auslegen, den Rand eventuell leicht einfetten, den Teig in beide Backformen verteilen und glatt streichen. Die Kuchen etwa 20 Minuten backen.
3 Die Honigkuchen auf einem Kuchengitter abkühlen lassen. Die beiden Kuchen in jeweils acht Tortenstücke schneiden.
4 Zum Verzieren den Puderzucker sieben, das Eiweiß schaumig, nicht steif, schlagen und mit dem Puderzucker verrühren. Falls der Guss zu fest ist, noch ein paar Tropfen Wasser hinzufügen.
5 Ein Drittel vom Guss mit der Speisefarbe kräftig rot einfärben. Mit einem Pinsel die roten Zipfelmützen auf die Tortenspitzen aufmalen. Aus Pergamentpapier kleine Spritztüten drehen, mit dem weißen Guss füllen und Gesicht, Bart, Mützenkrempen und Rocksaum spritzen. Den Guss gut trocknen lassen (ca. 1 Stunde) und die Nikoläuse luftdicht verpacken.

TIPP Einzeln in kleine Zellophantüten gesteckt oder in nette Pappschachteln oder Dosen gelegt, mit Tannenzweigen und etwas weihnachtlichem Dekor versehen, sind die Nikoläuse ein hübsches Geschenk in der Adventszeit.

Weckmann

150 g Quark
80 g Zucker
300 g Mehl
1 Päckchen Backpulver
2 EL Öl
4 EL Wasser
6 EL Milch
1 Prise Salz
5 Korinthen
Milch zum Bestreichen

Für 1 Stück ▪ Zubereitungszeit: ca. 45 Min. ▪ von Meli Mingirulli
Insgesamt: 1741 kcal ▪ 26,7 g Fett ▪ 311,69 g KH ▪ 13,78 % kcal aus Fett

1 Alle Zutaten, bis auf die Korinthen, mit den Knethaken des Handrührgeräts verkneten. Den Teig zu einer Rolle formen. Den Backofen auf 200 °C vorheizen.
2 Aus dem Teig einen Weckmann formen und auf das Backpapier legen. Die Korinthen als Augen und Knöpfe in den Teig drücken. Den Weckmann mit Milch bestreichen und im Backofen ca. 25 Minuten backen.

TIPP Aus diesem Weckmannteig lässt sich auch ein Zopf formen, die Backzeit ist dann etwas länger.

ZUTATEN ▶ ZUBEREITUNG

Magenbrot

250 g Zuckerrübensirup
75 g Butter
1 Ei
500 g Mehl
1 EL Kakaopulver
1 TL gemahlener Zimt
1 TL Lebkuchengewürz
125 ml kalter, starker Kaffee
1 EL Rosenwasser
1 TL Pottasche
20 g Kokosfett
150 g Puderzucker
1 EL Arrak
1 EL Rotwein

Für etwa 50 Stück ■ Zubereitungszeit: ca. 30 Min. ■ Kühlzeit: ca. 1 Std. ■ Backzeit: ca. 20 Min.
Pro Stück: 78 kcal ■ 1,8 g Fett ■ 13,7 g KH ■ 21,18 % kcal aus Fett

1 Den Zuckerrübensirup mit der Butter erwärmen und abkühlen lassen. Das Ei unterrühren, Mehl, Kakao, Gewürze, Kaffee und die mit Rosenwasser angerührte Pottasche darunter kneten. Den Teig in Folie wickeln und etwa 1 Stunde in den Kühlschrank legen.

2 Den Backofen auf 200 °C vorheizen. Ein Backblech mit Backpapier auslegen.

3 Den Teig auf dem Backpapier ausrollen und im Backofen auf der mittleren Schiene etwa 20 Minuten backen.

4 Das gebackene Magenbrot in Stücke von etwa 3 x 4 cm schneiden und abkühlen lassen.

5 Für den Guss das Kokosfett zerlassen und mit Puderzucker, Arrak und Rotwein verrühren. Das Magenbrot damit überziehen.

Apfelbrot

750 g Äpfel
250 g Zucker
500 g Mehl
1 Päckchen Backpulver
1 Päckchen Lebkuchengewürz
1 TL gemahlener Zimt
1/2 TL geriebene Muskatnuss
100 g Rosinen
100 g ganze Mandeln
100 g ganze Haselnüsse

Für 16 Stück ■ Zubereitungszeit: ca. 30 Minuten ■ Ruhezeit: über Nacht ■ Backzeit: ca. 1 Std.
Pro Stück: 294 kcal ■ 8 g Fett ■ 49,6 g KH ■ 24,31 % kcal aus Fett

1 Die Äpfel klein schneiden und mit dem Zucker mischen. Über Nacht zugedeckt kalt stellen

2 Am nächsten Tag den Backofen auf 180 °C vorheizen. Mehl, Backpulver und die Gewürze vermengen. Zusammen mit den Rosinen, den Mandeln und den Haselnüssen zu den Äpfeln geben und alles mit dem Kochlöffel verrühren.

3 Den Teig in eine Kastenform füllen und im Backofen auf der mittleren Schiene etwa 1 Stunde backen.

Weihnachtsstollen

Für etwa 40 Scheiben ▪ Zubereitungszeit: ca. 1 Std. ▪ Ruhezeit: ca. 1 Std. 15 Min. ▪ Backzeit: ca. 1 Std.
Pro Scheibe: 109 kcal ▪ 2,6 g Fett ▪ 18,1 g KH ▪ 21,71 % kcal aus Fett

1 Das Mehl in eine Schüssel sieben, in die Mitte eine Mulde drücken, die Hefe hineinbröckeln und 1 Esslöffel Zucker dazugeben.

2 Die Milch erwärmen, in die Mulde gießen und rühren, bis sich die Hefe und der Zucker auflösen. Mit einem Viertel des Mehls zu einem Vorteig verrühren. Den Vorteig zudecken und etwa 15 Minuten an einem warmen Ort gehen lassen.

3 Die Margarine zerlassen und etwas abkühlen lassen. Restlichen Zucker, Salz, Gewürze, Orangeback, Zitronat, Orangeat und Rosinen, in den Teig einkneten. Den Quark unter die zerlassene Margarine rühren und ebenfalls unter den Teig kneten. Den Teig zugedeckt noch weitere 30 Minuten gehen lassen.

4 Den Teig auf einer bemehlten Arbeitsfläche glatt kneten und zu zwei gleich großen Rollen von etwa 3 cm Durchmesser formen.

5 Die Rollen mit dem Nudelholz in der Mitte etwas dünner ausrollen, beide Teighälften aufeinander legen und zusammendrücken. Den Stollen auf ein mit Backpapier ausgelegtes Backblech legen und nochmals 30 Minuten gehen lassen.

6 Den Backofen auf 170 °C vorheizen und den Stollen etwa 1 Stunde backen.

7 Den Vanillinzucker und den Puderzucker in einem Schüsselchen vermischen. Die Butter zerlassen. Den Stollen noch warm mit der Butter bestreichen und in der Zuckermischung wälzen, bei Bedarf mehrmals.

Für den Teig

550 g Mehl
42 g frische Hefe (1 Würfel)
75 g Zucker
125 ml Milch
200 g Halbfettmargarine
1 Prise Salz
1 TL gemahlener Kardamom
1 TL gemahlener Zimt
1 Päckchen Orangeback
50 g fein gewürfeltes Zitronat
50 g fein gewürfeltes Orangeat
250 g Rumrosinen
50 g Quark

Zum Bestreichen

20 g Vanillinzucker
20 g Puderzucker
20 g Butter

LOW FETT 30-Tabelle

Lebensmittel, Menge (essbarer Anteil)	Energie (kcal)	Fett (g)	Kohlen-hydrate (g)	Fettkalorien (%)
Backzutaten				
Ahornsirup, 100 g	261	0.0 g	65.2 g	0.00 %
Backpulver, 100 g	89	0.0 g	22.0 g	0.00 %
Blatt Gelatine, weiß, 100 g	352	0.0 g	0.0 g	0.00 %
Bourbon-Vanillezucker, 100 g	381	0.1 g	95.0 g	0.24 %
Dr. Oetker Gustin klassische Speisestärke, 100 g	346	0.1 g	85.9 g	0.26 %
Dr. Oetker Gustin Fix Speisebinder, 100 g	385	0.1 g	96.0 g	0.23 %
Dr. Oetker Hefeteig Garant, 100 g	240	0.4 g	13.5 g	1.50 %
Dr. Oetker Käsekuchen Hilfe, 100 g	356	0.1 g	88.5 g	0.25 %
Dr. Oetker Käse-Sahne Tortencreme mit Dekorzucker, 100 g	444	0.0 g	78.0 g	0.00 %
Dr. Oetker Kirsch-Sahne Tortencreme, 100 g	350	0.0 g	72.6 g	0.00 %
Gelatine gemahlen, rot, 100 g	352	0.0 g	0.0 g	0.00 %
Goldpuder Haselnuss Füllung, 100 g	470	22.4 g	60.0 g	42.89 %
Goldpuder Kokos Füllung, 100 g	492	30.3 g	51.0 g	55.43 %
kandierte Früchte, 100 g	250	0.0 g	62.0 g	0.00 %
Orangeat, 100 g	305	1.0 g	74.0 g	2.95 %
Puddingpulver, 100 g	349	0.0 g	86.0 g	0.00 %
Rohrzucker, 100 g	390	0.0 g	97.6 g	0.00 %
Schwartau Citroback, 100 g	350	9.0 g	52.0 g	23.14 %
Schwartau Orangeat, 100 g	292	0.9 g	72.0 g	2.77 %
Schwartau Orangeback, 100 g	350	9.0 g	53.0 g	23.14 %
Schwartau Rumback, 100 g	210	0.0 g	0.0 g	0.00 %
Schwartau Schoko-Blättchen, 100 g	437	14.2 g	73.3 g	29.24 %
Schwartau Schoko-Streusel, 100 g	437	14.2 g	73.3 g	29.24 %
Schwartau Zucker-Streusel bunt, 100 g	437	7.8 g	91.5 g	16.06 %

Lebensmittel, Menge (essbarer Anteil)	Energie (kcal)	Fett (g)	Kohlen-hydrate (g)	Fettkalorien (%)
Tortenguß klar, ohne Zucker, 100 g	307	0.2 g	73.3 g	0.59 %
Traubenzucker, 100 g	370	0.0 g	91.6 g	0.00 %
Trockenbackhefe, 100 g	335	2.5 g	26.0 g	6.72 %
Ursüße (Zuckerrohr), 100 g	387	0.0 g	95.0 g	0.00 %
Vanillinzucker, 100 g	394	0.0 g	98.5 g	0.00 %
Vollzucker (Zuckerrübe), 100 g	369	0.0 g	89.0 g	0.00 %
Zitronat, 100 g	285	1.0 g	70.0 g	3.16 %
Zucker, 100 g	400	0.0 g	100.0 g	0.00 %
Zuckerrübensirup, 100 g	300	0.0 g	80.0 g	0.00 %
Mehl und Getreide				
Amaranth, 100 g	364	8.8 g	57.0 g	21.76 %
Goldpuder Unser Bestes Auslese-Mehl, 100 g	335	1.0 g	72.0 g	2.69 %
Goldpuder Unser Bestes Back-Mehl, 100 g	340	1.0 g	72.0 g	2.65 %
Goldpuder Unser Bestes Roggen-Mehl, 100 g	320	1.3 g	69.0 g	3.66 %
Goldpuder Unser Bestes Schnell-Mehl, 100 g	335	1.0 g	72.0 g	2.69 %
Popcorn, Seeberger, 100 g	327	3.8 g	64.7 g	10.46 %
Weizenmehl, Type 1050, 100 g	336	1.6 g	67.2 g	4.29 %
Weizenmehl, Type 405, 100 g	338	0.9 g	70.9 g	2.40 %
Kelloggs Cornflakes, 100 g	368	1.0 g	82.0 g	2.45 %
Milch und Milchprodukte				
Sahne, 10 %, 100 g	127	9.4 g	4.1 g	66.61 %
Allgäuer Joghurt fettarm 1,5 %, 100 g	47	1.5 g	5.0 g	28.72 %
Joghurt aus Magermilch, 100 g	39	0.1 g	4.9 g	2.31 %
Joghurt, 1,5 %, 100 g	53	1.5 g	5.6 g	25.47 %
Zott Gourmet Diät, 100 g	63	1.3 g	8.0 g	18.57 %
Zott Jogolé Fuchtjoghurt, 100 g	79	0.1 g	15.6 g	1.14 %

Lebensmittel, Menge (essbarer Anteil)	Energie (kcal)	Fett (g)	Kohlen-hydrate (g)	Fettkalorien (%)
Zott Jogolé Molkedrink ACE, 100 ml	59	0.1 g	12.7 g	1.53 %
Zott Starfrucht, 100 g	99	2.8 g	15.2 g	25.45 %
H-Milch, 1,5 %, 100 g	47	1.5 g	4.9 g	28.72 %
H-Milch, entrahmt, 100 g	36	0.1 g	5.0 g	2.50 %
Ehrmann Allgäuer Speisequark 0,2 %, 100 g	57	0.2 g	4.1 g	3.16 %
Obst in Glas und Dose				
Ananas, in Dosen, 100 g	84	0.2 g	20.2 g	2.14 %
Aprikosen, in Dosen, 100 g	75	0.1 g	18.1 g	1.20 %
Birne, in Dosen, 100 g	77	0.1 g	18.7 g	1.17 %
Erdbeere, in Dosen, 100 g	76	0.2 g	18.1 g	2.37 %
Himbeere, in Dosen, ohne Zucker, 100 g	26	0.7 g	5.5 g	24.23 %
Kirschen, im Glas, 100 g	82	0.2 g	19.5 g	2.20 %
Mango, in Dosen, 100 g	82	0.0 g	20.3 g	0.00 %
natreen Erdbeeren, 100 g	20	0.3 g	3.5 g	13.50 %
natreen Fruchtcocktail, 100 g	39	0.2 g	8.7 g	4.62 %
natreen Schattenmorellen, 100 g	34	0.3 g	6.3 g	7.94 %
natreen Süßkirschen, 100 ml	40	0.2 g	8.6 g	4.50 %
natreen Williams Christ-Birne, 100 g	36	0.2 g	8.0 g	5.00 %
Pfirsich, in Dosen, 100 g	69	0.1 g	16.5 g	1.30 %
Preiselbeere, in Dosen, ohne Zucker, 100 g	34	0.5 g	6.5 g	13.24 %
Alle Frischobst-Sorten sind LOW FETT 30				
Backmischungen und Fertigteige				
Dr. Oetker Advents-Stern-Kuchen, 100 g	366	5.9 g	73.8 g	14.51 %
Dr. Oetker Bratapfel Kuchen, 100 g	343	0.5 g	79.5 g	1.31 %
Dr. Oetker Gugelhupf, 100 g	359	1.6 g	81.2 g	4.01 %
Dr. Oetker Kirschli Kuchen, 100 g	399	9.8 g	71.4 g	22.11 %

Lebensmittel, Menge (essbarer Anteil)	Energie (kcal)	Fett (g)	Kohlenhydrate (g)	Fettkalorien (%)
Dr. Oetker Rührteig, 100 g	356	0.9 g	83.4 g	2.28 %
Dr. Oetker Zitronenkuchen, 100 g	367	1.1 g	85.3 g	2.70 %
Mondamin Hefe-Obstkuchen-Teig, Packung	1010	26.0 g	166.0 g	23.17 %
Diamant Backmischung für Bauernbrot, 100 g	209	0.9 g	43.1 g	3.88 %
Diamant Backmischung für Ciabatta, 100 g	220	0.8 g	46.6 g	3.27 %
Diamant Backmischung für Weißbrot, 100 g	242	2.7 g	46.8 g	10.04 %
Dr. Oetker Brauner Lebkuchen, 100 g	355	0.7 g	82.8 g	1.77 %
Dr. Oetker Muffins, 100 g	373	4.9 g	76.0 g	11.82 %
Maggi Mehlspeiszauber Kaiserschmarrn, 100 g	383	8.4 g	62.5 g	19.74 %
Nestle Zimtstern-Teig, Plätzchenteig, 100 g	388	12.0 g	60.0 g	27.84 %
Bahlsen Grandessa, 100 g	393	10.0 g	71.0 g	22.90 %
Kekse, Plätzchen, Waffeln				
Bahlsen ABC, 100 g	398	1.0 g	90.0 g	2.26 %
Bahlsen Akora Edelherb, 100 g	392	11.0 g	68.0 g	25.26 %
Bahlsen Akora Vollmilch, 100 g	381	10.0 g	68.0 g	23.62 %
Bahlsen Bunte Lebkuchen Mischung, 100 g	390	7.0 g	77.0 g	16.15 %
Bahlsen Contessa Minis, 100 g	417	13.0 g	68.0 g	28.06 %
Bahlsen Diät Leibniz Butterkeks, 100 g	430	10.2 g	77.3 g	21.35 %
Bahlsen Düsseldorfer Törtchen, 100 g	409	12.0 g	70.0 g	26.41 %
Bahlsen Herbstblüten, 100 g	442	13.0 g	75.0 g	26.47 %
Bahlsen Jupiter Edelherb, 100 g	398	11.0 g	68.0 g	24.87 %
Bahlsen Jupiter Vollmilch, 100 g	390	10.0 g	69.0 g	23.08 %
Bahlsen Lebkuchen Herzen und Sterne, 100 g	394	9.0 g	72.0 g	20.56 %
Bahlsen Lebkuchen-Brezeln, 100 g	403	11.0 g	70.0 g	24.57 %
Bahlsen Leibniz Butterkeks, 100 g	446	11.0 g	78.0 g	22.20 %
Bahlsen Leibniz Zoo, 100 g	441	11.0 g	77.0 g	22.45 %
Bahlsen Mini Domino Edelherb, 100 g	405	13.0 g	68.0 g	28.89 %

Lebensmittel, Menge (essbarer Anteil)	Energie (kcal)	Fett (g)	Kohlen-hydrate (g)	Fettkalorien (%)
Bahlsen Mini Domino Vollmilch, 100 g	405	12.0 g	70.0 g	26.67 %
Bahlsen Pflümis, 100 g	398	11.0 g	68.0 g	24.87 %
Bahlsen Saftige Schoko Bäumchen, 100 g	403	12.0 g	69.0 g	26.80 %
De Beukelaer Milch Butterkeks, 100 g	427	11.0 g	74.0 g	23.19 %
De Beukelaer Milch Butterkeks Vollkorn, 100 g	428	12.0 g	71.0 g	25.23 %
De Beukelaer PIMS Himbeer (Österreich), 100 g	379	11.0 g	66.0 g	26.12 %
De Beukelaer PIMS Birne, 100 g	390	12.0 g	67.0 g	27.69 %
De Beukelaer PIMS Orange, 100 g	385	12.0 g	66.0 g	28.05 %
De Beukelaer PIMS Orange (Österreich), 100 g	387	11.0 g	68.0 g	25.58 %
granoVita Bio Vollkorn-Brezeln, 100 g	364	9.4 g	57.4 g	23.24 %
Griesson Runde Lebkuchen, 100 g	408	12.0 g	67.0 g	26.47 %
Griesson Russisch Brot, 100 g	389	1.0 g	88.0 g	2.31 %
Griesson Schoko Lebkuchen (Sortiment), 100 g	406	10.0 g	73.0 g	22.17 %
Griesson Soft Cake Himbeer, 100 g	387	9.0 g	72.0 g	20.93 %
Griesson Soft Cake Kirsch, 100 g	387	9.0 g	72.0 g	20.93 %
Griesson Soft Cake Orange, 100 g	387	9.0 g	72.0 g	20.93 %
Griesson Soft Cake Orange Mini, 100 g	408	12.0 g	70.0 g	26.47 %
Griesson Soft Cake Zitrone, 100 g	377	9.0 g	70.0 g	21.49 %
Hershey's Red Hot Dollars candy, 100 g	100	0.0 g	24.0 g	0.00 %
Reformhaus Waffelbrot, 100 g	391	3.0 g	86.0 g	6.91 %
Schneekoppe Butterkeks, 100 g	440	12.0 g	75.0 g	24.55 %
Schneekoppe Domino-Steine, 100 g	385	12.6 g	62.7 g	29.45 %
Storck Super Dickmann's, 100 g	366	9.0 g	68.0 g	22.13 %
Süßigkeiten, Bonbons, Gummiwaren				
Haribo A-Z, 100 g	340	0.0 g	78.0 g	0.00 %
Haribo Baiser-Ostereier, 100 g	390	0.0 g	92.0 g	0.00 %
Haribo Bananas, 100 g	370	0.0 g	88.0 g	0.00 %

Lebensmittel, Menge (essbarer Anteil)	Energie (kcal)	Fett (g)	Kohlen-hydrate (g)	Fettkalorien (%)
Haribo Cola-Kracher, 100 g	382	4.2 g	84.0 g	9.90 %
Haribo Color-Rado, 100 g	342	2.1 g	76.0 g	5.53 %
Haribo Eisbär, 100 g	340	0.0 g	78.0 g	0.00 %
Haribo Erdbeeren, 100 g	370	0.0 g	88.0 g	0.00 %
Haribo Fröschli, 100 g	340	0.0 g	76.0 g	0.00 %
Haribo Glücksbox, 100 g	340	0.0 g	78.0 g	0.00 %
Haribo Goldbären, 100 g	340	0.0 g	78.0 g	0.00 %
Haribo Herzen, 100 g	390	0.0 g	92.0 g	0.00 %
Haribo Konfekt, 100 g	354	3.4 g	75.0 g	8.64 %
Haribo Maoam Softstangen, 100 g	392	6.3 g	82.0 g	14.46 %
Haribo Maoam Stripes, 100 g	416	6.8 g	86.0 g	14.71 %
Haribo Sali, 100 g	320	0.0 g	79.0 g	0.00 %
Haribo Sali-Kritz, 100 g	355	0.0 g	88.0 g	0.00 %
Haribo Saure Pommes, 100 g	340	0.0 g	79.0 g	0.00 %
Haribo Schlümpfe, 100 g	340	0.0 g	78.0 g	0.00 %
Haribo Schnecken, 100 g	294	0.0 g	68.0 g	0.00 %
Haribo Sprotten, 100 g	320	0.0 g	79.0 g	0.00 %
Haribo Traumküsse, 100 g	347	0.0 g	85.0 g	0.00 %
Haribo Tropi Frutti, 100 g	350	0.0 g	75.0 g	0.00 %
Haribo Veilchen-Pastillen, 100 g	320	0.0 g	79.0 g	0.00 %
Haribo Weichbären, 100 g	340	0.0 g	78.0 g	0.00 %
Katjes Almdudler, 100 g	329	0.0 g	75.0 g	0.00 %
Katjes Billy Bulldog, 100 g	335	0.0 g	79.0 g	0.00 %
Katjes Energy Gums, 100 g	328	0.0 g	74.0 g	0.00 %
Katjes Grüntee-Lakritz, 100 g	329	0.0 g	81.0 g	0.00 %
Katjes Jogger-Gums, 100 g	333	0.0 g	77.0 g	0.00 %
Katjes Katzen-Pfötchen, 100 g	342	0.0 g	84.0 g	0.00 %
Katjes Salzige Heringe, 100 g	345	0.0 g	85.0 g	0.00 %

Lebensmittel, Menge (essbarer Anteil)	Energie (kcal)	Fett (g)	Kohlen-hydrate (g)	Fettkalorien (%)
Katjes Saure Bontjes, 100 g	378	0.0 g	94.0 g	0.00 %
Katjes Super Bär, 100 g	328	0.0 g	74.0 g	0.00 %
Katjes Vita Cola, 100 g	329	0.1 g	73.0 g	0.27 %
Ragolds Creamfuls Erdbeere, 100 g	396	4.0 g	88.0 g	9.09 %
Ragolds Creamfuls Himbeere, 100 g	397	4.0 g	89.0 g	9.07 %
Ragolds Creamfuls Karamell, 100 g	404	4.7 g	90.0 g	10.47 %
Schneekoppe Feine Sahne Caramel-Bonbons, 100 g	290	9.0 g	72.0 g	27.93 %
Storck Campino, 100 g	386	0.0 g	95.0 g	0.00 %
Storck Durchbeißer, 100 g	421	12.0 g	79.0 g	25.65 %
Storck Mint Chocs, 100 g	426	8.0 g	87.0 g	16.90 %
Storck Nimm 2, 100 g	375	1.0 g	93.0 g	2.40 %
Storck Nimm 2 Lachgummi, 100 g	340	1.0 g	72.0 g	2.65 %
Storck Vollmilch Brocken, 100 g	415	8.0 g	82.0 g	17.35 %
Storck Werthers Original, 100 g	430	9.0 g	93.0 g	18.84 %
Villosa Früchte-Welt Multi-Vitamin, 100 g	389	0.0 g	96.0 g	0.00 %
Villosa Hustelinchen (zuckerfrei), 100 g	233	0.6 g	94.5 g	2.32 %
Villosa Hustelinchen Original, 100 g	399	6.4 g	84.1 g	14.44 %
Süßigkeiten mit Schokolade				
Hershey's Rolo medium, 1 Stück	90	3.0 g	15.0 g	30.00 %
Nestle After Eight, 100 g	423	13.0 g	74.0 g	27.66 %
Nestle Nesquik Schoko-Sirup, 100 g	275	1.0 g	64.0 g	3.27 %
PowerBar Harvest, 100 g	369	6.2 g	67.7 g	15.12 %
PowerBar Performance, 100 g	342	3.1 g	64.6 g	8.16 %
Ritter Sport Diät Joghurt, 100 g	446	32.0 g	47.0 g	64.57 %
Ritter Sport Joghurt. 100 g	541	34.0 g	51.0 g	56.56 %
Ritter Sport Marzipan, 100 g	544	33.0 g	54.0 g	54.60 %
Ritter Sport Rum-Trauben-Nuss, 100 g	481	25.0 g	60.0 g	46.78 %

Lebensmittel, Menge (essbarer Anteil)	Energie (kcal)	Fett (g)	Kohlen-hydrate (g)	Fettkalorien (%)
EIS				
bofrost Bunte Seeschlange 108, 100 g	86	0.4 g	20.5 g	4.19 %
bofrost Cola Quetschtüte 108, 100 g	80	0.0 g	20.0 g	0.00 %
bofrost Fruchteis Däumling Erdbeer 083, 100 g	102	0.0 g	25.6 g	0.00 %
bofrost Fruchteis Däumling Zitrone 083, 100 g	114	0.0 g	28.5 g	0.00 %
bofrost Knallbrause Eis 108, 100 g	136	4.0 g	25.0 g	26.47 %
bofrost Kunterbunt 098, 100 g	87	0.0 g	21.8 g	0.00 %
bofrost Orangen Fruchteis 099, 100 g	96	0.0 g	24.0 g	0.00 %
bofrost Zitroneneis 037, 100 g	131	0.3 g	32.0 g	2.06 %
eismann Caribi 0039, 100 g	88	1.0 g	22.0 g	10.23 %
eismann Cola-Orange 0064, 100 g	103	1.0 g	25.0 g	8.74 %
eismann Diätbecher Schoko 0157, 100 g	151	4.9 g	17.9 g	29.21 %
eismann Eddy's Teddy Erdbeer, 100 g	72	0.0 g	18.0 g	0.00 %
eismann Eddy's Teddy Zitrone, 100 g	72	0.0 g	18.0 g	0.00 %
eismann Eddy's Frucht Mix 0031, 100 g	105	1.0 g	26.0 g	8.57 %
Langnese Calippo Cola, Stück	87	0.0 g	21.5 g	0.00 %
Langnese Calippo Erdbeer, Stück	98	0.0 g	24.4 g	0.00 %
Langnese Cremissimo Créme Trüffel, Stück	219	6.6 g	20.4 g	27.12 %
Langnese Cremissimo Banana Split, Stück	216	7.2 g	34.8 g	30.00 %
Langnese Cuja Mara Split, Stück	97	2.9 g	16.5 g	26.91 %
Langnese Ed v. Schleck, Stück	114	4.7 g	16.2 g	37.11 %
Langnese Flutschfinger, Stück	62	0.0 g	15.2 g	0.00 %
Langnese Mister Long, Stück	78	0.1 g	18.7 g	1.15 %
Langnese Solero Exotic, Stück	112	3.0 g	19.7 g	24.11 %
Langnese Solero Ice, Stück	86	0.1 g	20.9 g	1.05 %
Langnese Solero Shots Citrus, Stück	22	0.2 g	4.7 g	8.18 %
Langnese Solero Shots Tropical, Stück	21	0.2 g	4.4 g	8.57 %
Langnese Super Twister, Stück	106	0.1 g	26.0 g	0.85 %

Register

Hinweis:
Alle Temperaturangaben gelten für Elektroöfen. Bei Gas- und Umluftöfen bitte die Angaben des Herstellers beachten!

Impressum

G3! FETT
max. 30% der Gesamtkalorien aus Fett

Die Deutsche Bibliothek – CIP-Einheitsaufnahme

Ein Titeldatenschutz für diese Publikation ist bei der Deutschen Bibliothek erhältlich.

Droemersche Verlagsanstalt Th. Knaur Nachf., München 2002

Projektleitung: Kathrin Gritschneder
Redaktion: Claudia Daiber, Dagmar Schmohl
Bildredaktion: Sylvie Busche
Layout und Umschlag: H3A, München
Herstellung und DTP: Dagmar Guhl
Food-Fotos: Brigitte Sporrer
Food-Styling: Julia Skowronek
Freisteller: Verlagsarchiv
Litho: Premedia GmbH, Wels/Österreich
Druck und Bindung: Offizin Andersen Nexö Leipzig GmbH, Zwenkau
Printed in Germany

ISBN 3-426-66767-3

Gedruckt auf elementar chlorfrei gebleichtem Papier